Universale Economica Feltrinelli

LELLA COSTA
AMLETO, ALICE E LA TRAVIATA

Prefazione di Michele Serra

Feltrinelli

© Giangiacomo Feltrinelli Editore Milano
Prima edizione nell'"Universale Economica" novembre 2008

ISBN 978-88-07-72067-3

Prefazione

di Michele Serra

Rendere facili l'arte e la cultura è un lavoro molto difficile. Per una ragione inoppugnabile: l'arte e la cultura NON sono facili. Sono la stratificazione paziente, laboriosa, mai finita dei sentimenti e della ragione umana. Parlano di noi, ma lo fanno cautelandosi dalla banalità (perché la banalità non parla di noi, la banalità tace rumorosamente), e dunque ricorrendo a strumenti, espedienti, tecniche, linguaggi che sono complicati, che sono raffinati anche quando il risultato è di immediata comprensione. Chiunque può leggere *Alice* e dire "mi piace" o "mi diverte", ma se non si sa niente di Lewis Carroll, della morale vittoriana, della matematica, dei preti, della fotografia, della satira politica, dell'erotismo, dell'enigmistica, e si ignora che la scienza dell'interpretazione dei sogni era nell'aria, *Alice* rimane un mistero sospeso, meno nostro, meno rivelatore. Un po' meno *Alice*.

Lella Costa queste cose le sa. Le ha capite e ci ha ragionato sopra. Favorita da una circostanza che avrebbe scoraggiato molti, ma che in lei ha funzionato da catalizzatore, da stimolo. La circostanza è che viviamo nel bel mezzo di una gigantesca, penosa separazione tra la qualità e la quantità, tra la cultura e la civiltà di massa, tra la bellezza e la folla. Lei ha pensato che il teatro, il suo lavoro di attrice, la scrittura dei suoi autori e sua dovessero battersi a fondo contro questa separazione (e in questo senso, nel concreto del suo recitare, Lella è una delle voci più politiche del teatro italiano: perché niente è più politico, oggi, che voler tenere insieme qualità e successo). Lella ha cercato (e trovato) il tono giusto, le parole opportune per accostare alcuni capolavori passandoci attraverso, viaggiandoci dentro, cercando di non perderne la "difficoltà", l'altezza drammatica oppure comica, la genialità delle soluzioni, lo spessore della struttura. Non ha voluto farne dei "bigini" o dei sunti, riducendone la grandezza a volumi più appetibili, a dosi conformi alla fretta e alla distrazione. Piuttosto, ha scelto e sciolto alcuni bandoli della matassa (non solo testuali: anche l'epoca, l'autore, le reazioni del pubblico di ieri e di oggi compresi gli equivoci, la mitologia di riferimento, il contesto storico dell'opera) e li ha saputi sviluppare in un racconto che ha il pregio di essere insieme sorprendente, perché molto personale, e quando occorre molto divagante, e però filologico, preciso nei riferimenti, rispettoso del testo.

Qualcosa di più e di meglio della divulgazione (attività per altro molto nobile, e molto poco praticata in Italia), perché c'è di mezzo l'interpretazione: l'*Amleto* o la *Traviata* o l'*Alice* di Lella Costa sono inconfondibilmente spettacoli di Lella Costa, scritti per la sua voce e la sua figura agile e vibrante. Di shakespeariano e verdiano e lewiscarrollesco hanno però l'atmosfera, la grana culturale, la sostanza del racconto, in un continuo entrarci dentro e uscirne un istante dopo per aggiungere qualcosa di apparentabile, politica e televisione, sogni e delusioni, intuizioni e confusione, in ammirevole equilibrio tra la precisione dell'argomento e l'imprecisione di noi pubblico contemporaneo, che ce ne andiamo in giro con la testa e lo sguardo zavorrati da milioni di cose non tutte in ordine, e soprattutto non tutte utili.

Nel suo teatro, Lella riesce a restituire al pubblico la voglia (sua e nostra) di orientarsi daccapo. La sua recitazione apparentemente divagante, perfino dispersiva nelle tante digressioni sull'attualità, ce la fa sentire complice, una che parte dal nostro stesso sguardo, mediatrice dei nostri dubbi, voce recitante delle nostre lacune. Ci fidiamo di lei perché parte per il suo viaggio dentro i classici senza alcuna supponenza, senza pesantezza accademica o birignao da diva, cercando e trovando i nessi logici, le emozioni, le scoperte e le riscoperte che fanno da benefico antidoto allo spaesamento dei massificati, dei confusi dal troppo, dei saturi di notizie.

Lella cerca di fare ordine, e in questo i classici sono uno strumento impareggiabile, perché davvero aiutano a separare l'essenziale dal superfluo. Che la sua tenacia analitica, l'attenzione al dettaglio, la caparbietà intellettuale, e soprattutto la curiosità umana, siano poi virtù tipicamente femminili, è un argomento così scontato che si rischia, colpevolmente, di considerarlo ovvio. Ma ovvio non è, perché di femminile Lella Costa ha esattamente quello che serve per cercare, nella cultura e nella scrittura, la vita delle persone. Tutte quelle apparenti sfumature amorose, psicologiche, esistenziali che sono la linfa della vita materiale, le danno anima. Sul palcoscenico Lella ha momenti come di "chiacchiera", di minuta e intensa disamina dei comportamenti e dei caratteri, che sono momenti squisitamente donneschi. Sì il dramma, sì la morte, sì il sublime e il tragico, ma la corte di Danimarca merita eccome un discorso sui suoi grevi tendaggi e i suoi arazzi polverosi, dietro i quali si spia e si trama, si sorvegliano sentimenti e parole, e la vita familiare diventa un viavai di figure lungo i tenebrosi corridoi di un castello. Se il maschio sorvolerebbe volentieri su particolari ritenuti minuzie, e per meglio esaltarsi corre di fretta verso il nocciolo della tragedia, verso la scena-madre (che spesso poi è una scena-padre...), una narratrice di vaglia non commetterebbe mai questi errori di sottovalutazione. Il racconto femminile prevede indugi, ricami, "ciacole" che circondano la materia umana di un'attenzione quotidiana, anti-eroica, ironica se si ha il dono dell'ironia, profonda se si ha il dono della pietà. Anche in questo il teatro di Lella Costa è politico, nel senso che include e difende molto dell'esperienza femminista migliore, quell'attenzione al "personale", al laborioso farsi e disfarsi quotidiano delle psicologie e dei sentimenti, che nessuno Scettro e nessuna Guerra bastano a mettere in secondo piano.

La "leggerezza" di Lella in teatro, il suo svolazzare tra eroi e tragedie con confidente premura, avvolta nei veli di Antonio Marras come nell'antitesi di un'armatura, è una consolazione per chi crede (o sogna) che la percezione della bellezza dell'arte possa essere beneficio di molti, e non privilegio di pochi. Materia intensa ma malleabile, corposa ma allettante, dentro la quale si può passare in pochi istanti, in un breve mutare di luci e di scena, dalla percezione della catastrofe al sollievo della risata. Lella, che piange e ride con la stessa frequenza anche nella vita, è in questo la più credibile delle attrici.

A Randi, Vitti e Adalaura
– ragazze senza pari

LA TRAVIATA

*(La scena è formata da una lunga pedana pratica-
bile parallela al proscenio. Dietro, a mo' di fondale, c'è
una sorta di schermo/sipario composto di fili sottilissi-
mi sul quale vengono proiettate le immagini.)*

"Felici quelle nature di fuoco che ardono fino a
consumarsi..."

Quando debuttò, a Venezia, al teatro La Fenice, il 6
marzo del 1853, l'opera doveva intitolarsi *Amore e Morte*, ma la censura non diede il permesso e allora diventò
Traviata – che come titolo è peggio, ma la censura è
sempre stata così: stupida e inutile. Verdi voleva che si
intitolasse *Amore e Morte*, perché, per le grandi traviate,
amore e morte è un connubio irresistibile. È come l'os-
sigeno. Amore e morte è una parola sola, amoremorte,
desiderio e destino. Sono sublimi e volgari, le traviate,
mirabili e triviali, celesti e abbiette – perché così noi vogliamo che siano, bellissime e atroci insieme. Se fossero solo divine, ma sai che palle? La Tebaldi, per carità,
bravissima, ma noiooosa. Santa Maria Goretti, ma
vuoi mettere con Giovanna d'Arco? È il sospetto di ec-
cesso che ci accende di passione. Un soprano sovrap-
peso con una voce da usignolo: sai che novità, c'è pieno
il mondo! Ma una, una sola, che per essere Traviata riesce a perdere trenta chili, come De Niro che per fare

Toro scatenato ingrassa di quaranta, ma sul serio, eh, mica cuscini sulla pancia e stronzate del genere, perché niente è mai finto nel mondo di amore e morte. E come si fa a perdere trenta chili veramente? Eh be', ci vuole un dietologo svizzero che una sera ti invita a cena, e la cena finisce con un brindisi di ghiacciatissimo champagne francese, Dom Pérignon, e nella coppa galleggia lo scandalo di un verme solitario. Ecco, è in quel momento – realtà o leggenda non importa – nel momento in cui si lascia scivolare nell'osceno del parassita dimagrante, che la qualunque soprano obesa diventa Maria Callas, *turris eburnea*.

E la più grande di tutte? La stella del mattino che morì d'agosto, protocollarmente suicida. Incredulità, sgomento, cordoglio popolare, lutto collettivo. Pochi giorni dopo girava una sua foto, la pubblicarono i giornali: il suo corpo dopo l'autopsia. Amore e morte, bellezza e orrore, incanto e raccapriccio. Ma per noi lei era un fotogramma mentre una folata di vento le sollevava la gonna, *ianua cœli*. Per noi era "Happy birthday, Mr. President". Per noi lei era nuda sul calendario, *causa nostrœ lœtitiœ*, con lo sfondo di velluto rosso, e adesso... questa foto. Il volto tumefatto sulla lastra dell'obitorio, *rosa mistica*, i capelli tirati indietro, ancora biondi ma come piallati, d*omus aurea*, la fronte macchiata, il corpo gonfio, quelle labbra infiammate che tutti volevano vedere vedere vedere vedere... Compravano il giornale, guardavano e distoglievano lo sguardo. Amore e morte, bellezza e orrore, incanto e raccapriccio, desiderio e destino, croce e delizia. Eppure, anche in quella foto, era comunque bellissima, Marilyn Monroe.

Quanto? "Ah, in macchina però non più di mezz'ora." Quanto? "Si quieres tiengo un cuarto." Quanto?

"Ora ti devo spiegare: sui viali poco, vicino al campo-
santo ancora meno e invece sul ponte, tanto!" Ma di
quale minchia di ponte parli? "Del ponte, quello nuovo, sullo stretto." Non esiste, manco esisterà mai,
però intanto la zona si rivalutò, la zona, e pure le bot-
tane... Quanto? "Eh, a casa tua tutta la notte, come
no?, anche la colazione domani mattina. Di' mo' bene,
per chi mi hai preso? per un bed&breakfast?" Quanto? "Parlare, anche parlare e allora tanto." Quanto?
"E domani, e dopodomani, e la cerimonia del tè, ma
che so', pretty woman? Ma faciteme o' piacere..."
Quanto? "Solo per te mi dispiace ma non si può, facciamo anche per te, facciamo insieme ad altri due o
tre ma non solo per te..." Va bene, d'accordo, ho capito, però allora mi devi spiegare esattamente: *quanto*?

Centomila. Centomila l'anno. Era più o meno quello che costava una mantenuta a Parigi nel 1847. Stiamo parlando di centomila franchi l'anno, perché a
quell'epoca a Parigi correvano i franchi. È una cifra
significativa. Fate conto che centomila franchi dell'e-
poca corrispondono più o meno a trecentomila euro
di oggi.

E va bene, centomila l'anno, però allora la voglio
solo per me.

Eh, solo per me, chi ti credi che sei, Bobo Vieri?
Ma per piacere, solo per te! Magari, anche per te.

"Quanto?"

"Mais come siete antiquato giovanotto, e come
potete pretendere l'esclusiva? Come potrebbe oggi-
giorno una mantenuta di Parigi sopravvivere se non
avesse almeno tre o quattro amanti che contribuisco-
no al suo appannaggio?"

"Quanto?"

"Mais basta, con questo quanto. Anche perché lei

ha già tutto quello che le serve. Lei, per un miracolo del cielo, ha già incontrato questo vecchio duca, lui è veramente très très vecc. È vecchissimo, però lui è anche ricchissimo, lui ha dieci milioni di franchi, le dà tutto quello che lei vuole e non pretende mai niente in cambio."

"Non pretenderà niente in cambio, però intanto lei sta con il vecchio bavoso."

"Qu'est-ce qu'il y a? In fondo anche la Callas non stava con Onassis?"

Un momento. La Callas, Onassis lo amava. È inspiegabile, ancora oggi fatichiamo a farcene una ragione, però è vero. L'amore tra la Callas e Onassis è stato un amore vero, importante. Va detto, però, che nonostante il grande amore con la Callas, Onassis è comunque rimasto un po' il simbolo, quasi l'archetipo di quel...

Forse per i più piccini bisognerà anche spiegare chi era Onassis.

Allora, Onassis penso sia stato uno degli uomini più ricchi e più potenti del secolo scorso. Era un armatore greco, Aristotele Onassis, ed era ricco in modo, come dire, offensivo. Per fare un esempio, tra le sue innumerevoli proprietà c'era questo celebre panfilo, il Cristina, una barchetta da duecento metri. Bene, il bar del Cristina era completamente rivestito di pelle di prepuzio di balena. Che io già faccio la mia fatica ad associare le balene ai... Le balene, come massimo della trasgressione, mi mangiano i Pinocchi, non è che hanno... Hanno. Le balene maschio, suppongo. Ce li avranno anche adeguati alle loro dimensioni, non dico di no, fatto sta che per foderarci un bar hanno fatto una strage. Nei dettagli, gli sgabelli erano foderati di questo materiale pregiato e inconsueto, per cui ogni volta che una delle ospiti del

Cristina (e le ospiti del Cristina erano vere gran dame, gran signore dell'aristocrazia e del bel mondo internazionale), ogni volta che una di queste raffinatissime creature si accingeva a sedersi su uno di questi sgabelli, Onassis non mancava mai di farle notare: "Cara, lei sta per sedersi sul più grosso...". Sì, quella classe naturale che ti viene da dentro, che mai nessuna scuola ti potrebbe insegnare... lo chic innato. Fisicamente, e come ve lo spiego Onassis fisicamente? Non lo so, fate conto, un po' tipo Briatore, quel genere di uomo lì. No, in realtà rispetto a Briatore Onassis era più goffo, più basso, più tarchiato, però ci siam capiti. Quel tipo d'uomo lì, con quello stile lì, quel look lì. Cavalli – Roberto Cavalli, non i quadrupedi. E se questo non fosse sufficiente a suscitare la vostra vigile ripugnanza, con una spiccata e innegabile somiglianza con Previti.

"E d'altra parte voi sapete, mon ami, come si dice in questi casi? L'amour è cheque."

Insomma, da uno come Onassis, con il patrimonio che aveva, o da uno come Previti con il patrimonio che però sono cazzi suoi ed è meglio non interessarsene troppo, la nostra riesce a portare a casa qualcosa come settantamila, ottantamila franchi l'anno.

"E voi una così la vorreste in esclusiva? Mais allora voi siete pazzo! Che voi siete anche très simpatico, giovanotto, via, via, datemi retta, fidatevi di me, io frequento mantenute da prima ancor che voi nasceste, non bisogna mai, jamais, pretendere da una mantenuta più di quello che si può pagar pour lei..."

Quella che parla così è Prudenzia, Prudence, l'amica della nostra protagonista, amica sui generis, fedele e devota, ma anche un po' opportunista. È una ex mantenuta, ha smesso da molto tempo e poi ha fatto diversi altri mestieri, anzi a un certo punto racconta di avere anche provato a fare l'attrice ma di non esserci riuscita. E questo ci dimostra quanto siano cambiati i tempi. Oggi ci riescono assolutamente tutte.

"Insomma, mon ami, se mai dobbiamo capirlo insieme quale può essere la vostra quota, no, Armand?"

Armand? Come lo chiamiamo il nostro protagonista? Armando, come nel romanzo, o Alfredo, come nell'opera? O magari Alessandro – sempre con la A cominciano. Alessandro come l'autore del romanzo, cioè in qualche modo il vero protagonista di questa storia – che è una storia vera, una storia d'amore autentica, appassionata, drammatica, vissuta in prima persona, appunto, da Alessandro Dumas, il figlio dei tre moschettieri.

Quando aveva poco più di vent'anni, a Parigi, il giovane Dumas si innamorò perdutamente di questa creatura meravigliosa, una cortigiana, certo, una mantenuta, sicuramente, però una creatura meravigliosa, affascinante, irresistibile, pare che bastasse vederla passeggiare lungo gli Champs Eliysées per restarne, più che incantati, proprio canditi. Pare avesse il potere di candirli, gli uomini. Anche uomini notevoli, come Liszt, Franz Liszt, il musicista: lei li glassava sul posto. Fatto sta che il nostro Alfredo – deciso, lo chiamiamo Alfredo –, il nostro Alfredo è innamorato, candito perso, con tutti i sintomi classici dell'innamoramento. Sguardo vitreo da storione stupefatto... Sembra che capisca, ma non è vero... (oddio, questo succede un po' sempre agli uomini, diciamo che quando sono innamorati il sintomo tende a evidenziarsi). Sembra che ascolti, ma anche lì non deve esser proprio vero, probabilmente sente la voce ma non capisce le parole. Apparentemente ascolta Prudenzia, però continua a chiederle: quanto?

"Mais basta con questo quanto! Alors non mi state a sentir! Non posso essere io a dirvi quanto, siete voi che dovete dirmi qual è la vostra rendita."

Rendita? Ma quale rendita? Alfredo è come se non l'avesse, una rendita, ha ottomila franchi l'anno. "Mais allora voi siete pazzo? Vraiment ridicoló, questi soldi non possono bastare neanche per il personal trainér di lei. E l'Opéra-comique, e il Vaudeville, e il Variété e la Comédie e il teatro des Italiens? No, no, mon ami, non ci siamo, non ci siamo per niente."

È vero, non ci siamo per niente, anche perché in realtà Alfredo le sta chiedendo qualcos'altro. Quanto? Qualcosa che Prudenzia non conosce e non saprebbe mai calcolare. Quanto? Qualcosa che piuttosto ha a che fare con quante mattine, quanti tramonti, quanto cielo e quanto è profondo il mare. Qualcosa che c'entra con quanti sono i granelli di sabbia su tutte le spiagge dell'universo, e con l'eternità e l'infinito e le morte stagioni e la presente e viva e il suon di lei. Qualcosa che è semplicemente e sontuosamente: ma tu – TU – come stai? Che non è una canzone di Baglioni, ma qualcosa che a quel tempo a Parigi sapevano contare solo Alfredo e lei: Margherita Gautier.

Ah, Margherita, Margherita, quella che candiva pianisti, scrittori e giovinotti in generale. Esisteva veramente, come no! Nella vita si chiamava Marie Duplessis. Marie nella vita, Margherita nel romanzo di Dumas. Questa emme, che poi ritornerà con Maria Callas e con Marilyn Monroe. Invece la V di Violetta Valéry arriverà con Verdi, ma era lei, era sempre lei. E davvero la potevi ammirare mentre passeggiava lungo gli Champs Elysées sul suo magnifico coupé trainato da due cavalli che valevano – quanto? – diecimila franchi l'uno!

"Margherita, mais tu sei pazza alors?"

E davvero la sera la potevi incontrare in giro, per

i locali notturni di Parigi – al Vaudeville, al Variété, all'Opéra-comique, al Café des Anglais, al Théâtre des Italiens... E davvero ogni sera, quando lei si affacciava dal suo palco, a teatro, tutti, assolutamente tutti si voltavano per ammirare proprio lei, la signora delle camelie. Perché davvero Margherita aveva sempre con sé un mazzetto di camelie, e queste camelie per venticinque giorni al mese erano bianche, mentre per cinque giorni al mese erano rosse.

"Non si è mai potuta conoscere la ragione di questo cambiamento di colore che io racconto senza saperlo spiegare, e che tuttavia era stato notato anche da altri suoi amici e dai frequentatori abituali dei teatri in cui Margherita si recava più spesso."

Giuro, il romanzo dice testualmente così: "Non si è mai potuta conoscere la ragione di questo cambiamento di colore". Alfredo, ma ci sei o ci fai? Semmai è di una chiarezza quasi imbarazzante. Alfredo, gioia, guarda, mica è difficile, read my lips, allora: venticinque giorni al mese camelie bianche, ci siamo? La luna, le maree, le api e i fiori. Cinque, e solo cinque giorni al mese camelie rosse, come le lanterne di Gong Li... E come te lo spiego, se non capisci? Forse non è che non capisce, forse non lo sa! Semplicemente, e niente affatto scandalosamente, Alfredo non lo sa. E in fondo è anche normale che sia così, dopotutto siamo alla metà dell'Ottocento, Alfredo ha poco più di vent'anni, è un ragazzo. A quell'epoca queste cose un ragazzo poteva venirle a sapere solo se per casa gli girava qualche figura femminile un po' complice, una mamma giovane, una zia, una sorella... Una sorella in effetti Alfredo ce l'avrebbe, ma Dio ci scampi dalla sorella di Alfredo, per carità!, noiosa, bigotta, acqua cheta, vergine come nessuna al mondo. La mamma è doverosamente morta di parto, come sempre nei romanzi dell'Ottocento... Come fa? Non lo sa. Anche perché va detto che, allora, rispetto a queste cose non era certo come oggi. Oggi è fin troppo facile. Oggi son capaci tutti di capire al volo, anche per la strada, quando una di noi è di camelia rossa, no? Dall'abbigliamento. È noto che noi ragazze, in quei cinque giorni al mese, preferiamo indossare esclusivamente attillatissimi fuseaux bianchi, per poterci dedicare agli sport più estremi – ma solo in quei cinque giorni lì. Allora non era così, allora le donne non lasciavano trasparire da alcun elemento esteriore questo temporaneo cambiamento del loro stato fisiologico. Quindi, allora, era del tutto normale che un ragazzo potesse arrivare a vent'anni senza sapere niente delle donne. Non come oggi, che possono arrivare tranquillamente anche a trenta, a quaranta, e se siamo fortunate anche più in là.

Ma questa sera, tutto questo non conta. Alfredo è felice, perché questa sera è riuscito a farsi invitare a una delle celebri feste in casa di Margherita Gautier. Ah, le feste di Margherita Gautier! Gli ospiti di Margherita Gautier! La crème de la crème, le chic et le charme! Al pianoforte Franz Liszt... Vissani che frigge camelie... Lo scrittore più in voga del momento che legge ad alta voce brani dal suo ultimo bestseller... "Chi c'è questa sera?" "Alessandro." "Baricco?" "Mais no, Dumas..." E finalmente il momento più atteso da Alfredo, quando Prudenzia lo convoca.

"Alors, Alfredó, viens ici. Alfredó, questa è Margherita, Margherita, questo è Alfredó, è innamorato pazzo di te, come mezza Parigi d'altronde..."

Per la prima volta loro due si guardano, e succede qualcosa. Una specie di sospensione del tempo e dello spazio, uno di quegli attimi in cui basta incontrare un certo sguardo con quel lievissimo ritardo – e Alfredo ci si perde. E quando torna in sé...

"Alors, Alfredó vi siete incantato?"

Margherita non è già più lì con lui. No, se n'è andata a ballare, non importa con chi, con un altro, perché come direbbe De André, lei "si innamorò di tutti noi, non proprio di qualcuno".

"Amici, io ho bisogno di voi, di tutti voi, ho bisogno di stare con voi, perché con voi saprò dividere il tempo mio giocondo, tutto è follia nel mondo, ciò che non è piacere... E allora godiamo, godiamo. È fugace e rapido il gaudio dell'amore, è un fiore che nasce e muore e quando non ce n'è più non se ne può più godere... "

(*Parte il celeberrimo* Libiam ne' lieti calici *insieme alle immagini del ballo del* Gattopardo.)

Quanto?

Quanto può pagare Alfredo per avere Margherita? Ma attenzione, per averla tutta per sé, eh?, non per essere uno dei tanti. A proposito, quanti? Quanti ce n'è intorno a Margherita? Quanti sono, per così dire, gli azionisti che compongono il consiglio di amministrazione di questa piccola, ma florida azienda a conduzione familiare? Be', sicuramente il più significativo è quello che abbiamo scherzosamente chiamato il vecc. Il vecchio duca, insomma Onassis. A proposito, ma Margherita il vecchio dove l'ha conosciuto?

"Alle tarme."

"Alle tarme? È così vecchio che ha le tarme?"

"Mais no, ma tu non mi comprendi pas, le tarme, allons y, quei posti come Salsmajeur, Abanó, Tabianó, Sirmion, Chianscianó, Fiuggì... insomma, le tarme."

"Ma non ho capito, scusa. E cosa ci andrebbe a fare Margherita alle terme?"

"Ah, bon, se non è pazza ci deve andare almeno due volte l'année, perché altrimenti..."

"Ma perché scusa, vorresti dire che..."

"Oh là là, oui."

"Ma va!?"

"Eh già."

"No?!"

"Sì!"

"Uh!!"

È che in realtà non osavano neppure pronunciarla ad alta voce, quella parola. La tisi. Faceva paura, la tisi. Il vero spettro che si aggirava per l'Europa in quegli anni. La tisi! Guai a nominarla, guai a farsi sorprendere in pubblico da un improvvido attacco di tosse!

No, non è la TBC!

La tisi, *Mycobacterium tuberculosis*, volgarmente noto come Bacillo di Koch, alcol-acido resistente, sopravvive a lungo, soprattutto nell'oscurità, mentre alla luce del giorno schiatta, uguale a Nosferatu, preciso. La tisi, grande ispiratrice di letteratura e di melodramma e in qualche modo anche di cinema, con alcune analogie certo non casuali con l'AIDS contemporaneo, per esempio: chi canta mentre Tom Hanks si attacca alla flebo nella scena madre di *Philadelphia*? La Callas! E con la tisi ci morivano fitte, le mantenute.

"E d'altra parte sono delle pazze! Fanno una vita da pazze! Dormono troppo poco di giorno e la nuit vanno toujours in giró, la nuit."

Chi è causa del suo mal pianga se stesso.

"Scusami, ma Margherita, lei, sputa già sangue?"

"Mais oui, purtroppo sì, però comunque è messa molto meglio della povera figlia del vecc."

"Ah, perché la figlia del vecchio duca sputa molto sangue?"

"Eh, non più. Quello che aveva da sputar l'ha già sputato tout. Lei è completamente foutue, defunta. Bon, c'est per questo che il suo povero padre era desesperató. Puis ha rencontré Margherita che assomigliava tanto alla sua figliola morta ed è per questo che lui l'ha adopté. L'ha adoptata come une fille, e comme ça lei ha tutto quello che vuole, però lui non pretende mai rien, in cambio."

"Ma come non pretende niente in cambio? Ma ci pigli per scemi? Ma se sta lì tutta la notte?"

"E alors? È un padre affettuoso, in giró ce n'è plus di quel che sembra."

Ah sì, ce n'è più di quel che sembra, ma: quanti? Quanti ce n'è in lista d'attesa? Quanti aspirerebbero a diventare, per così dire, titolari di Margherita? Be', un drappello nutrito, il cui capofila è sicuramente il barone di Varville, uomo di antico e nobile lignaggio nonché di cospicua fortuna, quarantamila franchi di rendita l'anno. Però Margherita non lo sopporta, e non glielo nasconde. È molto esplicita. Lo tratta male, lo prende in giro, non lo invita alle feste, lo caccia platealmente di casa. Che poi non si può neanche darle torto, almeno stando alla descrizione che ne fa Dumas. In effetti, leggi la descrizione del barone di Varville e istintivamente ti ritrovi a pensare, non so, a Tremonti.

"Avrei inviato a madamigella Gautiev un colliev di valove inestimabile, e tuttavia totalmente deducibile dalla mia dichiavazione dei vedditi. Di quella degli italiani non me ne potvebbe fvegare di meno."

Una zecca. Non in senso monetario. Ma Margherita può scegliere. In adorante attesa lei ha comunque Gastone, Gaston: pochi soldi ma molta fortuna. E poi vediamo... Poi c'è il conte di Giroux, sui diecimila franchi l'anno, il visconte di Obigny, sui quindicimila franchi l'anno... E poi c'è sempre qualche scrittore (Dumas), qualche musicista (Liszt), qualche calciatore (ringraziando Iddio i calciatori non mancano mai). Va bene, ma: quanti? Quanti ce n'è di clienti per Margherita e per Violetta? Tanti, tantissimi, oggi come allora ce n'è molti più di quel che sembra. Eppure – allora non lo sappiamo, ma oggi sì –, nonostante siano così numerosi, è praticamente impossibile incontrarne almeno uno. È strano: sappiamo che è un mercato vastissimo, ma non capita mai di conoscere un cliente, uno che ammetta di far parte della categoria.

È un fenomeno che ne ricorda da vicino un altro, altrettanto e forse persino più bizzarro, che invece riguarda la composizione dell'elettorato del partito di maggioranza del nostro paese. Si può invano percorrere la penisola domandando in giro: "Mi scusi, ma lei per caso ha votato per...".

"Chi, io?"

"Mi scusi ma lei per caso va con le prostitute?"

"Chi, io?"

Misteri dei numeri! Eppure ce n'è, altroché se ce n'è. Oggi, come allora, ce n'è di clienti per Margherita, per Violetta, ma anche per Moana e per Doris e per Irina... Ce n'è di banchieri, pizzicagnoli e notai. Anzi, ce n'è sempre di più. Pare che la domanda sia in crescita, quindi l'offerta si deve adeguare. Una fetta di mercato in continua espansione: ce n'è per tutti i gusti, per tutte le tasche.

Dunque ha ragione Alfredo a chiedere: quanto? Quanto può pagare lui per avere Margherita?

E questa sera, alla festa in casa di Margherita, può mettere sul banco la sua moneta, che sembra fuori corso, ma in realtà è valuta pregiata:

"Ma tu, come stai?".

Che potrà sembrare una domanda lievemente pleonastica, visto che Margherita è lì che sta sputando sangue, ma se sei in casa tua, alla tua festa, e ti senti male, e tutti se ne accorgono ma nessuno se ne occupa, i tuoi amici ti ignorano, continuano tranquillamente a ballare, a divertirsi, se neanche Prudenzia ti sta vicino perché:

"Voi non sapete, mais Margherita, lei è pazza! Lei quando si sente mal diventa irritabilé, allora bisogna lasciarla toute seule...".

Ecco, in un momento come questo, un semplice e sontuoso: "Ma tu, tu come stai?" – eh be', vale, vale proprio tanto. Anche se poi in realtà tutto questo all'opera diventa:

"Voi soffrite?".

E Margherita, che ha già il suo bel daffare a tentare di bloccare l'emorragia, si sorprende, che all'opera si dice:

"Voi qui!".

Però lo sbocco dura pochissimo, soprattutto se dirige Muti, così Alfredo ha modo di proseguire:

"Cessata è l'ansia che vi turbò?".

E lei:

"Sto meglio".

Ma non è vero, non sta affatto meglio, povera Margherita, anzi, probabilmente non è mai stata tanto male in vita sua, e si vede. È lì, tutta sola, abbandonata (in tutti i sensi) sul divano, il corpetto appena slacciato, una mano che preme a dare e cercare conforto, l'altra mano completamente priva di forze, come morta (la mano di Tremonti, fate conto). Ai suoi piedi una bacinella d'argento, piena a metà di un'acqua macchiata di sangue, e di tanto in tanto un sospiro, più profondo degli altri, che sembra squassarla e contemporaneamente arrecarle una sorta di doloroso sollievo. Uno spettacolo che strazia il cuore. Alfredo ne è turbato e commosso, glielo si legge sul volto, intensamente pallido. Tant'è che la prima cosa che Margherita gli domanda vedendolo in quello stato è:

"Siete mica malato anche voi?".

"Signora, in questa maniera finirete per uccidervi. Vorrei essere un vostro amico, un vostro parente, per impedirvi di farvi tanto male."

"Siete molto caro, ma anche poco informato. Vedete, i miei amici, tutti i miei amici questa sera sono qui, ma non si occupano certo di me, e fanno bene. Sanno perfettamente che tanto, ahimè, con questa malattia non vi è nulla da fare..."

E tutto questo, all'opera, diventa:

"Ah, in cotal guisa v'ucciderete, aver v'è d'uopo cura dell'esser vostro!".

"E lo potrei?"

"Se mia foste, custode io veglierei pe' vostri soavi dì..."

"Che dite? Ha forse alcuno cura di me?"

E poi Margherita si alza, perché comunque è una padrona di casa impeccabile, sa molto bene quali sono i suoi doveri. Giusto il tempo di una fugace occhiata allo specchio ("Dio, come sono pallida"), e poi:

"Vi prego, Alfredo, riaccompagnatemi subito dai miei ospiti".

Ma Alfredo le prende una mano e se la porta alle labbra, e vi lascia cadere, insieme a un bacio, due grosse lacrime, troppo a lungo trattenute.

E Margherita ne è colpita, ma non vuole darlo a vedere.

"Vi ripeto che devo tornare immediatamente dai miei ospiti."

Ma non si schioda da lì.

"Signora, dovrò sembrarvi uno sciocco, ma quello che ho visto mi ha fatto male."

"Non siete affatto sciocco, forse solo un poco ingenuo. Vedete, io non riesco a dormire, lasciate almeno che mi distragga un po'... E poi, via, andiamo, tanto, le donne come me... una più una meno, che importanza ha?"

Lei ci marcia, eh?, un filino.

"Signora, io ancora non so che posto avrete voi nella mia vita; quello che so è che in questo momento non c'è nessuno al mondo, nessuno, neanche mia sorella (che cazzo c'entra la sorella? C'entra, la sorella c'entra, mettetela in memoria perché poi la sorella torna), insomma in questo momento non c'è nessuno che mi stia a cuore quanto voi. Quindi curatevi, e smettete di fare questa vita."

Eccola qui la moneta che può spendere Alfredo: la cura. Le promette che avrà cura di lei. E Margherita ne è tentata, ma non vuole arrendersi.

"Vi ripeto che vi ostinate a non capire. Se mi curassi, morirei. È proprio questa vita febbrile che mi permette di sopravvivere. E poi, sono le donne perbene che possono curarsi. Ma quelle come me, una volta che non servono più alla vanità e al piacere dei loro amanti, vengono abbandonate in un angolo come un vecchio giocattolo arrugginito..."

E mettiamo anche che lei ci marci un filo, che si stia autocommiserando un po' (per quanto, vorrei vedere voialtri al suo posto, con l'AIDS, a dover sopportare Onassis, Previti, Briatore, Cecchi Gori e tutta la Nazionale). E lui sarà anche candito, ma è proprio la glassa esterna che gli fornisce la moneta per arrivare al cuore di Margherita. Perché lei, dopotutto, lo sta mettendo alla prova.

"Ecco, Alfredo, voi certo non lo potete sapere, ma

io sono stata malata, molto malata, sono stata costretta a letto per due mesi, e cosa credete? Dopo due giorni, dopo solo due giorni, non si vedeva più nessuno qui da me. Gli amici, via!, tutti spariti, la casa deserta, nemmeno Lippi veniva più a trovarmi."

E qui Alfredo ha il suo momento.

"Io sono passato a chiedere vostre notizie tutti i giorni."

È vero, è assolutamente vero, guarda, c'è il portiere (non Buffon, il portiere dello stabile) che lo può testimoniare. Tutta Parigi sapeva che Margherita era malata, ma dopo tre giorni se n'era dimenticata. Alfredo no, Alfredo per due mesi, tutti i giorni, è andato a chiedere sue notizie al portiere, non l'ha mai disturbata, si è ricordato di lei, ma se n'è ricordato gratis.

"Signora, se voi me lo permetterete, io avrò cura di voi, non vi lascerò mai sola e vi farò guarire."

"Eh, mi sa che voi avete la sbronza triste, Alfredo, via, non avrete mai la pazienza."

"Mi permetto di ricordarvi che siete stata malata due mesi e io sono passato..."

"Tutti i giorni, sì, l'abbiamo già detto. A proposito, come mai non siete mai salito?"

"Perché non osavo."

"Via, non è certo il caso di avere dei riguardi per una donna come me."

"Si hanno sempre dei riguardi per una donna."

Bravo, educato.

"E così, voi avrete cura di me?"

"Sì."

"E resterete tutti i giorni con me?"

"Sì."

"E ditemi, Alfredo, resterete con me anche tutte le notti?"

"Se non do fastidio, volentieri."

"E non mi rinfaccerete il mio passato, non cercherete di cambiarmi?"

"In fede mia, giammai."

"Giammai. E allora ditemi, Alfredo, voi tutto questo come lo chiamate?"

"Devozione."

E vai! Non ha detto amore: se avesse detto amore lei lo avrebbe mandato a stendere. Quella era la moneta che spendevano tutti con Margherita: amore, passione, soldi, che ormai valgono uguale. No, quando gli chiede: come lo chiamate, voi, tutto questo? – perché lei non lo sa come si chiama – lui le mostra un portafoglio pieno. Di cosa? Di devozione.

Quanto?

No, adesso non importa quanto, adesso importa cosa.

Devozione. Ed è una parola bellissima, è nuova, intatta, che rimane scolpita nel cuore di Margherita come una poesia o come una canzone.

(*Parte* La cura *di Battiato insieme alle immagini dell'esplosione di* Zabriskie Point.)

Ti proteggerò dalle paure e dalle ipocondrie... Supererò le correnti gravitazionali, / lo spazio e la luce per non farti invecchiare... E guarirai da tutte le malattie, / perché sei un essere speciale, / ed io, avrò cura di te...

È che fanno anche paura certe parole: cura, devozione. Perché si fa presto a dire che l'affetto non si compra, l'amicizia non si compra. Ma non è mica vero, sono luoghi comuni. In realtà sono facilmente falsificabili, come i bilanci delle aziende. La cura no, la devozione nemmeno: sono meno corruttibili, sono più rare. E infatti Margherita non le ha mai viste. Ha visto fiori, viaggi, gioielli, ne ha viste di tutti i colori Margherita, ma la cura mai, la devozione mai. E infatti adesso tocca a lei chiedere:

"Quanto? Quanto siete disposto a sopportare pur di farmi innamorare di voi? Se farete tutto ciò che io vorrò senza fare domande né obiezioni, senza chiedere mai la minima spiegazione, forse, e dico soltanto forse, allora anch'io potrò amarvi".

"Per me va bene, son d'accordo su tutte le clausole."

"Ma non dimenticatevi che io voglio essere sempre libera di fare tutto ciò che mi piacerà. Da molto tempo cercavo un amante giovane, senza volontà, innamorato senza diritti, amante senza sospetti, e non sono mai riuscita a trovarne uno. Gli uomini, anziché essere soddisfatti quando si concede loro a lungo ciò che a malapena avrebbero sperato di avere una volta sola, chiedono conto alla loro amante del passato, del presente e perfino del futuro. Se ora mi decido a prendermi un nuovo amante, voglio che abbia tre virtù assai rare, che sia cioè sottomesso, fiducioso e discreto."

"Per me va bene, sono pronto a firmare il contratto. C'ho qua anche il codice fiscale, son d'accordo su tutto, però questo significa che posso pensare, posso sperare, posso illudermi che dunque mi amiate anche voi?"

"Amarvi? No, via, come potrei amarvi in così poco tempo? No, certo... Magari un poco, diciamo che forse vi posso amare, giusto appena un poco. Però ora dovete lasciarmi sola, sono sfinita. Che cosa mi avete fatto dire? Come potrei amarvi, sia pure poco, è assurdo, è insensato, non mi capacito di come sia potuto accadere. Forse è che mi resta talmente poco da vivere che voglio viverlo più in fretta..."

"Non voglio più sentirvi dire queste brutte robe."

"Via, via, consolatevi. Per poco che mi resti da vivere, vivrò comunque più a lungo del vostro amore per me."

E tutto questo all'opera come si dice?

Si dice così.

"*A quell'amor...*"

(*Parte* Croce e delizia.)

Croce e delizia.

Croce e delizia, amore e morte, bellezza e orrore, incanto e raccapriccio, desiderio e destino, amore e gelosia, ragione e sentimento, menzogna e sortilegio, orgoglio e pregiudizio, delitto e castigo, guerra e pace, vincitori e vinti, stanlio e ollio, gino e michele... Amore e gelosia. Quando sono innamorati diventano peggio di Otello. È praticamente impossibile per Margherita, da quando ha Alfredo al fianco, riprendere la vita di prima, anche la più innocente, perché lui comincia a controllarla, a spiarla:

"Guarda Margherita, è inutile che lo neghi, sai, ti ho vista con i miei occhi, ti ho beccata che sei andata a cena con il vecchio duca. Guarda, Margherita, tu quell'uomo non lo devi incontrare mai più, chiaro? Giurami che non vedrai mai più il vecchio duca, altrimenti la prossima volta vengo lì anch'io. Guarda, Margherita, son capace, faccio uno sproposito, sai, vengo lì anch'io, lo ammazzo, va bene, anzi, peggio, mi ammazzo... anzi no, me ne vado, è la cosa peggiore che ti può capitare, Margherita, mi perderai per sempre perché me ne andrò un giorno, allora giurami che non lo vedrai più... Guardami almeno in faccia, Margherita, promettimi che... Margherita, guarda che un giorno io... Ho individuato la porta, eh? Margherita, me ne posso andare anche subito e poi dovrai rincorrermi perché io ho una parola sola e dovrai rincorrermi per fermarmi. Rincorrimi, però, Margherita, perché se no è un casino, me ne devo andar veramente, non va mica bene... Perché io ho una parola sola, ho la mia dignità e non sono abbastanza ricco da amarti come vorrei, né abbastanza povero da amarti come vorresti tu".

(Che è una minchiata ma a lui gli piace da matti.)

"E insomma, Margherita, fermami, giurami, perché io ho una parola sola e non sono..."

"Ehi, amico..."

Quando Margherita attacca con questo tono, Alfredo si mette comunque sull'attenti. Perché lei sarà anche tanto innamorata, ma non è che ha tutto 'sto tempo da perdere, e magari questa è l'ultima volta che prova a spiegargliela.

"Ehi, amico..."

E se questa volta la capisce bene, se no vuol dire che non c'è proprio niente da fare e la chiudiamo qui.

"Ehi, amico... Noi creature del caso abbiamo desideri bizzarri e amori inspiegabili. Ci sono tizi che potrebbero distruggersi senza ottenere un'unghia da noi, e altri che ci portano a casa con un mazzo di fiori. Tu mi hai senza contropartita, e sai perché? Perché quando mi hai vista sputare sangue mi hai preso la mano, perché hai pianto. Allora ascolta, amico: io avevo un cane, una volta. Quando tossivo mi guardava, abbassava le orecchie e diventava triste. È l'unica creatura che abbia mai amato. Io ti ho amato subito come quel cane. Se voi uomini sapeste che cosa si può ottenere in cambio di una lacrima! E allora, amico, adesso cerca di usare la tua intelligenza del cuore con me, perché quelle come me sono abituate ad avere intorno gente che scruta ogni loro frase, che interpreta ogni loro desiderio. E questi non sono amici, no, sono solo amanti egoisti che sperperano i loro capitali non per noi, come credono, ma per la loro vanità. E noi siamo di buon umore quando loro sono di buon umore, e dobbiamo essere in salute quando loro hanno voglia di andare a ballare... Siamo professioniste, oggetti del loro lusso, al primo posto della loro superbia ma ultime nella loro stima. Noi non possiamo permetterci né amori né amicizie sincere, non possiamo perché sappiamo come va a finire – almeno io lo so, io so molto bene come va a finire... 'Perché già tutte le ho conosciute, conosciute tutte: / ho conosciuto le sere, le mattine, i pomeriggi, / ho misurato la mia vita con cucchiaini da caffè; / così, come potrei rischiare?' E se invece volessi, io, per una volta, rischiare? Posso io, per una volta, pretendere un uomo che non mi chieda conto della mia vita, che sia l'amante dei miei sentimenti più che del mio corpo? Ho incontrato te: giovane, raggiante... E ora sto cercando di capire se sei in grado di emanciparti dalla rumorosa solitudine che mi circonda. Allora, amico, guardami, guardami! Ci vuoi provare? Perché se ci stai, per me va bene. Ma se sei il solito amante volgare, allora fa' come tutti gli altri: pagami, e non ne parliamo più."

E Alfredo, a questo punto, che cosa fa?

Piange! Anche perché lei gliel'ha spiegato che meglio non si poteva, che cosa si può ottenere in cambio di una lacrima. E gli uomini son così: quando ne imbroccano una che funziona, poi non si fermano. Da quando hanno capito che la lacrima, lungi dal far poco virile, in realtà fa molto sensibile, non hanno più ritegno. Son sempre lì con l'occhio umido in procinto di tracimare, il naso che gli cola, il mento che gli trema, "guarda come son sensibile, guarda, sensibilissimo, guarda qua, tutta sensibilità...". Il pomo d'Adamo va vistosamente su e giù, la voce gli s'incrina, non controllano le emozioni, sono in balia delle lacrime, si commuovono per qualunque stronzata, scoppiano in singhiozzi davanti agli spot della Barilla! Due maroni micidiali – ma fanno bene, perché funziona. Hanno scoperto che quello è un meccanismo più che infallibile, è un meccanismo pavloviano. Se loro si mettono a piangere, non c'è Margherita Gautier che tenga, la nostra reazione è una e una sola: ci mettiamo a piangere anche noi. E allora se ci commuoviamo insieme vuol dire che questo...

"Che questo è amore! È proprio amore, Alfredo, io non lo volevo ammettere, non volevo riconoscerlo, ma è vero, questo è amore, e anch'io ti amo, ti amo, e voglio fuggire con te, lontano da quella vita della quale già ora arrossisco. Ma tu giurami, giurami che non mi rinfaccerai mai il mio passato."

"Eravamo avidi di felicità, quasi intuissimo che non ne avremmo goduto a lungo. La vita non era più nient'altro che il ripetuto soddisfacimento di un desiderio continuo. Eravamo come due ostinati tuffatori che tornano alla superficie soltanto per riprendere fiato."

Sembra Fitzgerald, invece è Dumas.

E adesso non c'è più niente da raccontare. Per carità, succedono un sacco di cose, Margherita e Alfredo sono innamorati e felici, però la quotidianità dell'innamoramento è veramente ardua da descrivere, nel senso che non si riesce mai a renderne la grandezza. Forse perché, come si dice, le persone felici, come peraltro le nazioni felici, non hanno storia e si somigliano un po' tutte. O forse perché c'è davvero qualcosa di intrinsecamente indicibile nella quotidiana beatitudine dell'innamoramento. Tant'è che è difficile darne una trasposizione artistica adeguata: spesso la letteratura fa fatica, non ci riesce il cinema, che all'apparenza dovrebbe essere lo strumento ideale. Non è vero, il cinema riesce benissimo a raccontarci il sesso. Ma quando prova a raccontarci l'innamoramento, non ce la fa. Tira fuori queste scene sempre un po' troppo patinate, un po' troppo sfumate, un po' troppo rallentate, un po' troppo musicate. Anche un po' troppo sempre uguali. Per esempio, al cinema, per farci capire che loro due sono veramente innamorati, a un certo punto, li mandano al parco. Ma sempre, eh? In qualunque stagione, a qualunque latitudine, se sono innamorati gli tocca il parco. Che non è vero, non funziona così nella vita, lo sapremo bene noi! Per carità, quando siamo innamorati, una volta capiterà anche di passare da un parco, ma non ne abbiamo il tempo! Quando siamo innamorati, ci capitano in continuazione tali e tante cose straordinarie...

Ah sì, è così? Sicuri? Quando siamo innamorati ci capitano cose straordinarie? Va be', e allora com'è che ogni volta che proviamo a raccontarle a qualcuno, queste cose straordinarie, vengon sempre fuori delle storie... (*sbadiglio*). Però in fondo c'è anche qualcosa di tenero in questo, no? Continuiamo a essere convinti, nonostante tutte le esperienze, che quando ci innamoriamo ci succedano cose straordinarie. Che non è vero, perché è banalmente vero il contrario. È che quando siamo innamorati, *siccome* siamo innamorati, tutto intorno a noi diventa straordinario: ma è lo sguardo dell'innamoramento che trasfigura la realtà. È per questo che quando siamo innamorati siamo sempre felici: perché vediamo tutto con gli occhi dell'amore, perché qualunque cosa facciamo insieme alla persona amata è come fare l'amore. Per questo è inebriante, perché tutto diventa fare l'amore, ma tutto, letteralmente tutto. Andare a prendere il vino in cantina è fare l'amore, portare fuori il cane è fare l'amore, non parliamo della spesa insieme al supermercato, il top dell'erotismo contemporaneo! Sì, ma se ci caschiamo ancora noi, che siamo cinici e pieni di esperienza, provate a immaginare che cosa deve essere questo momento per Margherita. Perché per Margherita tutto questo è una novità assoluta. Margherita non ha mai avuto un primo amore, *il* primo amore – le prime cotte, i baci rubati, il diario segreto, i primi batticuore, le confidenze con le amiche, no. Per Margherita, fino a questo momento, l'amore è stata una pura questione economica, una transazione commerciale da portare a compimento il più rapidamente possibile. "Allora, facciamo presto, carino." E invece, adesso che è innamorata, non vuole fare presto, anzi sa trovare tutta la complicità e anche la tenerezza per insegnare ad Alfredo come fare.

"Piano. Adesso fai piano. Doucement..."

Sono innamorati. Come si potrebbe dirlo diversamente? Sono innamorati – semplicemente, beatamente, perfettamente, magicamente, eternamente innamorati. Ed è ovvio che mai nessun altro al mondo è stato innamorato come lo sono loro due, e ancora più ovvio che mai nessun amore è stato speciale e perfetto come il loro amore. E per un amore così speciale e perfetto tutto deve essere speciale e perfetto, bisogna trovare il posto giusto, la location adatta. E che cosa c'è di meglio della campagna? Oh, sì, Margherita e Alfredo vanno a vivere in campagna, che è così isolata e romantica, e poi l'aria di campagna fa tanto bene ai polmoni di Margherita, che ormai non è più quella povera donna abbandonata in quel popoloso deserto che appellano Parigi. No, adesso c'è Alfredo sempre con lei, c'è Alfredo che ha cura di lei. E Alfredo, grazie alla sublime sintesi che solo il linguaggio dell'opera possiede, ce la fa. Alfredo, con una sola frase, riesce a descriverci alla perfezione l'altrimenti indicibile quotidianità dell'innamoramento.

"Casa in campagna, picnic all'aperto, gite in barca sul laghetto, ah, che benessere, ah, che felicità: *dell'universo immemore io vivo quasi in ciel.*"

Ammappalo! No, davvero, non si poteva dire meglio di così. È una frase perfetta perché è sintetica e però emozionante, emotivamente coinvolgente. Davvero, frase encomiabile, Alfredo, complimenti, però, non per fare i soliti guastafeste, ma, l'universo immemore, di preciso, chi lo paga? No, ragazzi, abbiate pazienza, Onassis no, il vecc no, ma figuriamoci se il vecchio duca paga l'affitto della vostra casa in campagna. Sarà vecchio ma non è mica rincoglionito!

"In campagna con un ventenne, mai!"

"Prudenzia, ma stai scherzando? Che cosa vorresti dire? Che il vecchio ha tagliato i viveri a Margherita?"

"Non sto scherzando pas du tout!! E tu non sai, quella pazza di Margherita, lei che cosa fa? Lei sta vendendo tutto quello che lei ha! Ha già venduto tutti i mobili della casa di Parigi, e tutti i quadri e i tappeti, e poi ha venduto tutti i suoi vestiti di Versasc, e le borse di Versasc, e le scarpe di Versasc, e le pellicce di Versasc..."

"Ma quella solo Versace tiene in casa?"

"E cosa ti devo dire? Versasc piace così tanto alle putains, alors... E poi ha venduto tutti i suoi Dolcé e Gabbanà, e poi ha venduto i cavallì..."

"Ma cosa vuoi che realizzi con Roberto Cavalli..."

"Mais no, ha venduto i suoi cavallì, i cavallì del suo coupé."

"Oh Maria Vergine, e adesso come fa?"

"Come fa, come fa: fa sans. Insomma, io vi dico che Margherita è diventata alfredódipendente."

Ma non è affatto vero, Margherita vuole solo cambiare vita, vuole farlo sul serio, e quindi ha chiuso con la vita di prima, ha tagliato tutti i ponti, non vede più nessuno, non ha più nemmeno richiamato Briatore che continuava a telefonarle per invitarla in barca: Porto Cervo, Porto Ercole, Porto Rotondo...

"Ma porta quel cazzo che ti pare, tanto io non ci vengo più, io voglio stare sempre e solo con il mio Alfredo."

La roba fantastica del suo Alfredo è che lui, di tutta la liquidazione in atto, non si accorge di niente! Non fa un plissé. Passano i TIR, gli autoarticolati dei traslocatori carichi di suppellettili a lui note, niente!

"Io ti amo, tu mi ami, non ci importa della gente..."

No, no, tutto questo è molto bello Alfredo, però qualche domanda ti toccherà fartela, tipo: ma l'affitto della casa in campagna, con quali soldi verrà mai pagato?

"Questo non conta, quello che conta è la salute di Margherita, e qui lei rifiorisce."

No, no, per carità, sentimenti puri e nobili, però, poi, tutti i giorni, come te la cavi? La barca per le gite sul laghetto, chi la paga?

"Ma queste sono cose da poco, noi non ci facciamo caso, non ci importa, noi viviamo così, a modo nostro, semplicemente, cioè, facciamo cose, vediamo gente, abbiamo i nostri amici, stiamo molto bene insieme."

Abbiamo capito: dell'universo immemore, lui vive quasi in cielo, e possiamo anche togliere il quasi.

"Io vi dico: questo è un scandal! Margherita, da mantenuta è diventata mantenente."

Et maintenant, chi è il mantenuto?

Ah, no, Alfredo mantenuto è proprio una brutta

calunnia. Ma non è vero, Alfredo ha delle ricchezze, delle cose meravigliose da condividere con la sua Margherita.

(*Parte* De' miei bollenti spiriti *con alcune immagini di repertorio della celebre romanza.*)

Lo sai cosa c'ha l'Alfredo? Lo sai cosa c'ha l'Alfredo? L'Alfredo c'ha i bollenti spiriti! Testosterone puro, che con il giovanile ardore è una botta di ormoni che neanche Sting dura così tanto! Tutta una roba di sesso. E allora perché ci viene a dire che lei gli ha diluito tutto col placido sorriso dell'amore?

Vero che in genere quelle passioni lì hanno anche la data di scadenza sul barattolo, però, ragazzi, date le premesse, mi sarei aspettata qualcosina di più. E allora, finito tutto? Oddio, magari no, però succede spesso, e proprio negli amori più ardenti e appassionati, che presto sopravvenga una sorta di senso di sazietà. Non vuole per forza dire che l'amore sia finito, però è un segno. Vuol dire che quell'amore, chiuso in se stesso, non si basta più, che è arrivato il momento di provare a metterlo in relazione con il resto del mondo. È un passaggio delicato che abbiamo sempre molto timore di affrontare. Il più delle volte basterebbe poco, sicuramente basterebbe poco per Alfredo e Margherita: una festa a Parigi ogni tanto, una mano di poker con gli amici ogni tanto... Ma nessuno dei due lo propone. Hanno troppa paura di ferirsi, soprattutto Alfredo, ma scherziamo?, Alfredo non potrebbe mai rinunciare! Alfredo ci tiene da pazzi a questo ruolo, per lui inedito, di gentiluomo di campagna.

"Ho sempre sognato questa tranquillità, questa pace, questo profondo equilibrio interiore, questo le-

game con la natura che mi porta ad avere un atteggiamento..." (*Comincia vistosamente a russare.*)

In genere quello è il momento in cui si mette in
cantiere un figlio, no? Sono cinica, lo so, cinicissima.
Ma anche consapevole che, se la storia finisse qui,
noi non ce la ricorderemmo. Perché non è che fai
un'opera immortale, un romanzo che attraversa i secoli, con la vicenda edificante di una prostituta che si
ravvede, trova il babbeo che la sposa e vanno a vivere
per sempre in campagna felici e contenti, aspettando
la pensione... No, non funziona così, la fiction ha le
sue regole. Bisogna che succeda qualcosa. Meglio.
Bisogna che arrivi qualcuno.

T'el chi! Ladies and gentlemen: Alfredo's father.
Uno dei più grandi guastafeste, portasfiga, triturama-
roni della storia della letteratura universale. Uno che
non ne sentivamo la mancanza, figurarsi il bisogno.

Cioè, scusa papi, di preciso cosa vieni a fare? Cioè
che menate ti fai?, cioè al limite preoccupati se tuo figlio piglia la tessera di Scientology. Ma se si innamo-
ra, a te che ti frega?

Stiamo scherzando? Il padre di Alfredo, il papi di
Alfredo, gentiluomo e cittadino esemplare, lascia appositamente Ghenf, lo sperduto paese della Provenza in
cui risiede, e convoca il figlio a Parigi per poterlo vedere e osservare in quello che è diventato il suo ambiente,
per poterlo giudicare con affetto e obiettività, e soprattutto per potergli stare vicino e consigliarlo in questo
delicato passaggio della sua vita di giovane uomo.

"Uei te, fighetto di Parigi – magari non parlava proprio così ma è verosimile –, alura, fighetto di Parigi, è
vero quello che ho sentito dire in giro? Che ti saresti
messo con una che si chiama Margherita Gotierr?"

"Papi, si pronuncia Gotié: Mara Venie*r*. Margherita Gotié."

"Be', questo non cambia la sostanza delle cose. Almeno lo sai, lo sai o no, chi è quella lì?"

"Era, papi, e sottolineo era, una mantenuta. Ma adesso, grazie a me, ha cambiato vita."

"No! Le hai fatto cambiar vita in quattro e quattr'otto? Sei un fulmine di guerra! Complimenti, son basito. E dimmi un po', fighetto di Parigi, è perché eri troppo occupato a far cambiare vita a quella là, eh?, che non hai mai trovato il tempo di venire a trovare me e la tua sorellina giù a Ghenf? E allora adesso ascoltami bene, stronzetto di Parigi: che tu abbia una mantenuta, mi va benone. Che la paghi, sono stato chiaro?, che la paghi come ogni galantuomo deve sempre pagarle, le mantenute, mi va benissimo. Ma che adesso debba sentire dire in giro che ti sei innamorato di quella donnaccia, questo è un dolore che il mio vecchio cuore non è in grado di sopportare, e soprattutto è uno scandalo, una vergogna che deve cessare al più presto. Quindi tu, oggi stesso, torni a casa con me."

Eh già, una volta bastava alzare la voce, ma adesso non funziona più, perché sono cambiate troppe cose e soprattutto è passato del tempo. Alfredo è diventato grande, ha quasi ventiquattro anni ormai, è un ometto.

"Padre, non do a madamigella Gautier il nome che ho ricevuto da voi. Non spendo per lei un franco più di quello che possiedo. Non ho fatto debiti, non ho fatto niente di male, papi..."

"Non hai fatto niente di male, ma lo farai!"

E tutti a toccarsi i coglioni, immagino, a questo punto. Ma come, era questo che avevi urgenza di dirgli? È questo il tuo contributo alla sua crescita, alla sua consapevolezza? E poi si meravigliano che non riescono a capire i figli! I figli, delle volte, per capirli, basterebbe guardarli. Gliel'hai data almeno un'occhiatina superficiale al tuo Alfredino, papi? Non hai notato la leggera pinguedine, l'aria un po' brasata? Comincia ad annoiarsi, papi. Te lo ricordi, o no, quando tu, dell'universo immemore, vivevi quasi in cielo? E quanto durava? Te lo dico io: poco. Quelle storie lì, a quell'età, per loro natura, durano poco. Basta aspettare e finiscono da sole. Non bisogna mai intervenire, è sbagliato. Ma se lo sanno tutti che basta aspettare! Funziona con i governi, vuoi che non funzioni con le coppie? Finita la luna di miele si affossano da soli. Speriamo, almeno.

Comunque non divaghiamo. Il padre di Alfredo ha una missione da compiere, quindi lascia il figlio a Parigi e, a sua insaputa, si reca in campagna da Margherita.

(Parte la musica.)

"Madamigella Valéry?"
"Son io."
"D'Alfredo il padre in me vedete!"
"Voi!"
"Sì, dell'incauto, che a ruina..."
A me fa girar le balle già da qua. Questo si presenta, non invitato e non annunciato, in casa di una signora che non ha mai visto prima, e le si presenta come il padre *"dell'incauto, che a ruina corre, ammaliato da voi"*. Cioè, tu sei cafone nell'animo! Ma come si fa a essere così maleducati? Infatti Margherita gli risponde, non per le rime, di più.

"Donna, signore, io sono, e in casa mia. Meglio che vi allontaniate, più per il vostro bene che per il mio."

Brava, Margherita, bravissima! Tu esattamente così devi fare, tu quest'uomo non lo devi ascoltare, per cui adesso lo accompagni alla porta, con garbo lo inviti ad andarsene, se oppone resistenza lo cacci di casa, ma non lo devi ascoltare... Ma figurarsi! Margherita è una che ascolta sempre, per natura, per vocazione e per mestiere, anche perché ascoltare fa parte delle mansioni di una cortigiana di lusso. I clienti bisogna ascoltarli, bisogna essere accoglienti e comprensive, perché si sa che le mogli non li capiscono. Altrimenti tanto varrebbe tornarsene sul marciapiede.

"E allora, che cosa avete da dirmi, papi?"

E cosa vuoi che abbia da dire? I soliti luoghi comuni.

"Mio figlio si rovina a causa vostra."

Già detto e non è vero, è completamente falso, tant'è che Margherita tira fuori le sue carte e gli dimostra che semmai è vero il contrario: è lei quella che rischia la rovina, è lei che ha venduto tutto quello che possedeva proprio per non pesare economicamente su Alfredo. Brava, Margherita, grande mossa. Touché.

Chi, quello lì? Touché? Magari! Ma da quando in qua quelli come il padre di Alfredo si fanno toccare da una bazzecola irrilevante come la verità? A quelli come il padre di Alfredo non importa un accidente della verità. Loro la verità sono abituati ad aggirarla, a manipolarla, ad addomesticarla: hanno sempre pronta qualche storia. Ora, la storia che il padre di Alfredo inventa per convincere Margherita a lasciare suo figlio, se non avesse poi dei risvolti drammatici, farebbe sinceramente morire dal ridere. La sorella! Non la sua di lui, no: la sorella di Alfredo, insomma sua figlia, quell'acqua cheta, bigotta, ve l'avevo detto di metterla in memoria che poi tornava. La sorella di Alfredo, è il suo momento, vai.

(*Parte la musica.*)

"Pura sì come un angelo, Iddio mi die' una figlia..."

Ah, e sarebbe questo il grande scoop? È per comunicarci questo po' po' di notiziona che hai fatto tutti questi chilometri? Per venirci a informare personalmente che Dio ti ha dato una figlia pura. Ma pensa! E perché, di grazia, come te la dovesse dare Iddio la figliola? Torbida? Taroccata che era ancora in garanzia? E soprattutto, secondo te, ma che minchia ce ne fotte a noi di sapere se tu tieni una figlia vergine?

Veramente, sono argomenti di conversazione? Sono cose da dire in giro? Sono cose da andare a dire a Margherita?

Che cosa intende? Mia figlia sì che è vergine, mica come te, zoccola?

Io non lo so chi è quest'uomo, cos'ha nella testa! Anzi, lo so benissimo: quest'uomo ha nella testa un piano molto preciso, e lo espone, anche. Solo che siccome tendenzialmente parla come l'avvocato Taormina poi bisogna tradurre. Sì, stessa scuola di pensiero. Ora, la vicenda taorminesca è la seguente: sua figlia, la sorella di Alfredo, pura come un angelo, ha un fidanzato, che a suo tempo ha promesso di sposarla, ma che adesso si rifiuta di mantenere la parola data finché Alfredo non lascia Margherita. Che dimmi tu se sono fatti suoi! Ma cosa gliene frega a lui? Ma dai! È evidente che è una scusa, brutta e volgare per di più, ma andiamo, neanche Alberto di Monaco s'è mai inventato una roba del genere, che con quello che gli portano in casa le sue sorelle, Dio sa se non ne avrebbe tutti i diritti! Ma per favore, è una cosa che fa ridere, questa qua! Margherita dovrebbe mettersi a ridere...

Già, e come potrebbe? Margherita è sopraffatta dall'emozione di trovarsi di fronte per la prima volta il padre dell'uomo che ama più di se stessa. E il padre di Alfredo lo sa benissimo. È esattamente su questo che ha puntato: sulla paralisi affettiva ed emotiva di Margherita. Quest'uomo non ha niente in mano, non ha elementi concreti con cui aggredire Margherita e lo sa, ma dalla sua ha la retorica, padroneggia perfettamente il linguaggio, sa esattamente dove vuole arrivare e ci arriva in questo modo, mellifluo, ipocrita. La circonda di parole alate e velenose. Quello che invece non riesce a dissimulare neanche per un istante è la sua totale mancanza di rispetto nei confronti di Margherita. Non ha nessun ritegno. A un certo punto arriva a dirle: *"Non mutate in triboli le rose dell'amor"*. Ma tu hai la faccia come il culo! Abbiate pazienza, questo si presenta, ripeto, non invitato e non annunciato, in casa di una signora mai vista, e le dichiara di essere andato lì per mutare in triboli le rose del suo amore, no?, visto che vuole separarla dall'unico uomo che lei abbia mai amato in tutta la sua vita. E in più ha la faccia tosta di chiederle questo po' po' di sacrificio in nome delle rose dell'amore!, della pura come un angelo che Margherita non l'ha mai neanche vista e che c'ha il fidanzato in fuga. Ragazze, da quando in qua ci toccherebbe sacrificarci anche per le cognate? Se non esiste letteratura in merito, un motivo ci sarà! Non sta in piedi, non regge, non funziona. Ma Margherita non ha il tempo di rendersene conto perché è travolta dalle parole di quest'uomo. Che è molto abile, ma è anche così disgustosamente crudele, così violento, così spietato. Non ha alcun rispetto per lei, non si intenerisce neanche per un attimo, va dritto al suo scopo. Non si ferma davanti a niente, non ha alcun ritegno, ha il coraggio di concludere la sua perorazione dicendole: *"Ai preghi miei resistere non voglia il vostro cor"*.

Non dargli retta, Margherita, per carità, non dargli retta. È esattamente il contrario: resistere, resistere, resistere...

"Resistere? Ma cosa vuoi che resistiamo noi, creature del caso..."

Il padre di Alfredo vince a mani basse. In realtà vince nel momento stesso in cui mette piede in quella casa, ma non perché sia così abile: è Margherita che lo lascia vincere. Margherita di fatto non reagisce, non prova neppure a combattere questa battaglia, non raccoglie neanche le armi che avrebbe a disposizione. È lei che si arrende in partenza, è lei che gli si consegna volontariamente prigioniera:

"Va bene d'accordo, farò quello che mi chiedete di fare, giuro, sparirò per sempre dalla vita di Alfredo, giuro, non gli rivelerò mai il vero motivo, giuro, lui non saprà mai nulla di questo nostro incontro, giuro, tutto quello che volete ve lo giuro, giuro, giuro, però anche voi dovete giurarmi una cosa, una cosa sola. A me non resta molto da vivere. Giuratemi che quando non ci sarò più, e solo allora, racconterete ad Alfredo il sacrificio che ho fatto per amore suo e della vostra famiglia".

"Giuro, nobile creatura, sul mio onore, giuro."

Non dargli retta, Margherita, non dargli retta. Il giuramento di quello lì non vale niente. Quelli come il padre di Alfredo sono abituati a giurare così, sorriso sulle labbra e dita incrociate dietro la schiena, ma non ci credono, mai. Quelli come il padre di Alfredo arrivano a giurare sulla Costituzione! Tanto, cosa gliene frega? Poi se la cambiano quando gli fa comodo. Non vale niente! Però vale il giuramento di Margherita. Oh, Dio, se vale! Il giuramento di Margherita vale a tal punto che lei, pur di tenergli fede, rinuncerà a tutto quello che ha, vita compresa. E quello che noi, oggi, vorremmo almeno provare a capire è:

perché? Perché questa storia deve per forza finire così? Non è un destino già deciso, Margherita potrebbe opporsi, potrebbe provare a combattere una battaglia che in realtà ha tutti gli strumenti per vincere. È giovane, forte, bella, intelligente, innamorata, è amata. Margherita è una donna amata. Allora perché non ci prova neppure? Che cosa le toglie in partenza ogni forza e fiducia? Forse una delle tante e laide insinuazioni di quest'uomo, quando le butta là che presto lei comincerà a perdere la bellezza e la gioventù. E allora sarebbe atroce, no?, leggere negli occhi di Alfredo non più l'amore, ma la noia, peggio, il disgusto. Molto meglio poter uscire di scena per tempo. Povera Margherita. In realtà lei mica ci ha mai creduto veramente, di poter essere amata gratis. O forse è un'altra cosa, che a noi suona contorta ma che all'epoca torna perfettamente. In questa maniera, quest'uomo le sta proponendo di entrare a far parte di una famiglia – del ricordo, della memoria, dell'eterna gratitudine di una vera famiglia. Margherita non ha mai avuto una famiglia, no. Margherita ha avuto una madre che l'ha picchiata tutti i giorni, per dodici anni, finché lei non è scappata di casa. Sarà questo? O forse semplicemente Margherita si rende conto di non avere le forze per combattere questa battaglia, perché in battaglie così non conta niente avere ragione. Lei sa di avere dalla sua parte tutte le ragioni del mondo, ma sa anche che ognuna di queste ragioni le verrebbe rivoltata contro, in forma di dolore.

"E allora no, basta, mi arrendo, basta, io ho già dato, basta, ho sofferto abbastanza, basta, sono malata, basta, io me ne vado da questa storia, basta, non ce la faccio più, io me ne vado, io non ne posso più di restare qui a farmi umiliare, di restare qui ad ascoltare questi che parlano..."

Che parlano come l'avvocato Taormina. Che promettono sempre clamorose rivelazioni e poi non c'è mai niente, solo calunnie, mezzucci, insinuazioni, meschinità.

"No, no, basta, me ne vado, basta, non lo sopporto, basta, sparirò, basta, state tranquilli, non saprete più niente di me, basta, tanto vale tornare in quel populoso deserto che appellano Parigi."

Solo che prima bisogna dire questa bugia ad Alfredo. E dirgliela è impossibile. Margherita non sarebbe mai capace di dirgliela guardandolo negli occhi. E allora gli scrive una lettera, ma Alfredo torna da Parigi prima che lei possa lasciare la casa in campagna, e si incontrano, e allora:

"Addio Alfredo. Se davvero adesso tu sapessi usare la tua intelligenza del cuore per leggermi dentro, per intuire quello che ho giurato di non raccontarti mai...".

Ma Alfredo, poraccio, tanto bono, però non è proprio un'aquila, eh? Alfredo è uno che alle robe ci arriva se gliele spiegano. Si rende conto che qualcosa non va.

"Che c'è Margherita? Come mai stai piangendo?"

"No, no, guarda che non sto... Sembra che stia piangendo, ma non ho niente, sai cos'è, è la mia allergia, va bene? Qua in campagna in questa stagione c'è pieno di polline e io piango per il polline. Non ho niente, sì, anche per me è stata una buona giornata, però adesso avrei bisogno che tu mi tenessi molto stretta, io questa sera avrei bisogno... Trovi che sono strana? Ma no, ti dico che non ho niente... Sai cosa? Forse devono arrivarmi le camelie rosse, ecco, magari è per quello... Io questa sera ti chiedo di tenermi stretta, solo questa sera, Alfredo, questa sera non mi lasciare un istante, abbracciami, no, non domani... Domani? Sì, Alfredo, domani, certo, amore mio, domani, perché no, sarà lo stesso, anzi sarà sicuramente meglio, domani io mi sentirò bene, sarà una giornata meravigliosa, domani potremo fare tutto quello che vuoi, domani potremo uscire, domani potremo anche andare a fare un giro sul lago, in barcaaaa..." (*la "a" finale si trasforma in un grido sul quale parte la musica*).

"*Amami, Alfredo, amami quant'io t'amo...*"

Amami, Alfredo, amami quant'io t'amo.

Sì, ma – *quanto*? Non capisci che glielo devi spiegare tu, adesso, subito, questo *quanto*, devi mettergli le didascalie, le note a piè pagina, ma devi farglielo capire tu, per bene, che cos'è questo *quanto*, cosa vuol dire questo *quanto*, quanto vale questo *quanto*, quanto ti costa questo *quanto*, perché lui da solo non lo capirà, anzi ti fraintenderà, e poi ti odierà, e vi perderete, e lo rimpiangerete per tutta la vita, che la tua sarà anche breve però ne valeva la pena, no?

No. Lei non glielo spiega, e quindi lui non capisce.

Amami, Alfredo, amami quant'io t'amo. Addio.

FINE DEL PRIMO ATTO

(*Il secondo atto inizia con la ripresa dell'*Amami Alfredo.)

Sei parole. All'opera bastano, perché quello dell'opera è un linguaggio sintetico, è il nonno degli slogan pubblicitari. Le parole sono musica, valgono per il loro suono, servono a esprimere sentimenti estremi.

"*Amami, Alfredo, amami quant'io t'amo*", e poi di seguito, senza stacco, "*addio*".

Fondamentalismo verbale, dove le parole devono essere appuntite come lance, taglienti come lame, per cantare grandi sentimenti: *"A quell'amor, quell'a-mor che è palpito..."*; *"Io sì che son tradita..."*.

Per dire "O, ma sai che quello mi sta veramente sul-le palle?", all'opera si dice *"Mi è increscioso quel giovin"*.

Ma per dire cose simili occorrono voci affilate, to-nanti, immortali, voci che sappiano scolpire i senti-menti in gesti esemplari, eroici: occorrono voci eroi-che. E noi che invece amiamo l'antieroe, noi che – non senza sforzo – abbiamo letto *L'uomo senza qualità*, noi ci arrestiamo incantati al cospetto della forza, come disse Obi-Wan Kenobi.

E poi usciamo dall'opera, saliamo sulla Stilo, impre-cando per la multa (e anche un po' per la Stilo), giriamo la chiavetta per accendere insieme motore e autoradio e dalle modulazioni di frequenza ci arrivano delle vo-ci, ma che cavolo di voci sono queste? Voci fragili, an-siose, esitanti, imprecise, voci ipotetiche, pusillanimi, piene di dubbi, di incertezze. Le nostre voci, spezzate, buone al massimo per mezzi sentimenti, quarti di sen-sazione, ottime per debolezza e rassegnazione. Che meraviglia vuoi mai che suscitino delle voci così, qua-le stupore? Tutt'al più compassione. Quel sentimento che ci prende ogni volta che ci soffermiamo a riflette-re su come ci siamo ridotti, quanto in basso siamo ca-duti, cose così. Niente di enfatico, robe anche quoti-diane che però, in fondo, ci somigliano. "Si dovrebbe poter comprendere che le cose sono senza speranza e tuttavia essere decisi a cambiarle." Francis Scott Fitz-gerald. Che aveva letto Dumas. Bella, eh? "Si dovrebbe poter comprendere che le cose sono senza speranza e tuttavia essere decisi a cambiarle."

Ecco, non sembra una frase scritta proprio per Alfredo? Perché pure Alfredo, poraccio, con tutti i suoi limiti e le sue goffaggini, però in questa storia Alfredo ce l'ha messa tutta per cambiare le cose, quelle difficili, quelle impossibili. E magari alla fine ci sarebbe anche riuscito, solo che qualcuno si è messo di mezzo, però lui non lo sa. Alfredo non lo sa che cosa è successo, ne vede solo i risultati, e sono devastanti; ma lui non lo sa che un giorno suo padre è andato in campagna da Margherita e in qualche modo l'ha convinta a lasciarlo. Lui non lo sa, sa solo che di colpo nella sua vita niente è più come prima. Di colpo, niente più casa in campagna, e di nuovo Parigi, densa, soffocante, ma perché? E di nuovo Margherita a farsi ammirare, lungo gli Champs Elysées, ma perché? E di nuovo il Vaudeville, il Variété, l'Opéra-comique, ma perché? E di nuovo come prima, come sempre, inevitabilmente, Prudenzia:

"Ah, bon, mon ami, era tempo che Margherita vi lasciasse. L'usuraio che vi manteneva entrambi era diventato troppo insistente. I debiti di Margherita, impressionanti!".

"E ora sono stati pagati?"

"Mais oui. Quasi del tutto, sì."

"E da chi?"

"Questo non ha importansa. Non fate il pazzo! Ci sono uomini fatti apposta per queste cose, no? A loro piace pagar."

"E Margherita, lei, come sta?"

"Questo io non lo so dire, io non l'ho mai vista così. Lei non si cura più, lei esce tutte le sere, va sempre alle feste, sempre al restaurant, e poi lei si è messa a bere, ah bon, ma lei beve tanto, lei alza il polso."

"Alza il gomito."

"Insomma, tracann, tracann. Prende sbronze sollemnì, sta a letto un poco però poi recommenscia, sempre fuori alle feste, ai restaurant..."

"E così Margherita non era diversa dalle altre, tutto l'amore che mi giurava non era bastato a vincere sulla sua vecchia vita, le feste, i balli, le orge. Questo pensavo – come è meschino e vile un uomo quando una delle sue più intime passioni è ferita. Non ci fu cosa che non dicessi o non incitassi a dire contro Margherita. Non ci fu cosa che non facessi o non incitassi a fare contro Margherita. E poi, come tutti e due sapevamo che doveva accadere, inevitabilmente, una sera ci trovammo invitati entrambi alla stessa festa. Io quella sera non mi muovevo dal tavolo da gioco, avevo la fortuna dalla mia parte, Margherita arriva in compagnia del barone di Varville [Tremonti, ce l'ha fatta, credo l'abbia presa per sfinimento]. Subito il barone viene a sfidarmi al mio tavolo. Niente da fare. Quella sera ero io a vincere al gioco, quella sera la sorte era tutta per me, per Alfredo. No, non chiedetemelo, non lo so, non ricordo come andò esattamente. So soltanto che a un tratto ci trovammo Margherita e io, soli, faccia a faccia, in una stanza appartata e subito lei mi disse di andarmene."

(*Tutta la scena segue il filo della musica dell'opera.*)

"Andarmene? E perché mai?"
"Il barone..."
"Il barone? Ah, come se io temessi quel fantoccio! *S'ei cadrà per mano mia, un sol colpo vi torrìa coll'amante il protettore. V'atterisce tal sciagura?*"
Ogni tanto anche lui parla come Taormina. Allora il senso è: il barone io non lo temo, lo sfido a duello, lo ammazzo, e quindi in un colpo solo ti ammazzo l'amante e il protettore. Che frase perfettamente cafona da dire a una signora!
Margherita, non ci rimanere male, mandalo a quel paese, rispondigli per le rime!

"Se fosse lui a ucciderti, questo sì che mi terrorizza."

Ma perché siamo sempre così oblative noi ragazze? Mandalo a quel paese! Lui fa anche lo spiritoso:

"La mia morte? Che ti frega?".

Dio, che nervi! Margherita, guarda, non è serata. O te ne vai tu o se ne va lui, ma è inutile parlare. Ecco, bravo, Alfredo, parti, va' via.

"Ma giura innante che dovunque seguirai i miei passi."

"Ah, no, giammai!"

Un filo drastica, eh? In genere a queste proposte noi ragazze rispondiamo: "Caro, comincia ad andare avanti tu che poi ti raggiungo". Invece, no, *"giammai"*. Quindi, Alfredo, adesso ascoltala. Ti sta spiegando che qualcuno l'ha costretta a giurare di lasciarti, ascolta, non baciarla che due robe insieme non le sai fare, ascoltala. C'è qualcuno che l'ha costretta a giurare di lasciarti, hai capito?

"E chi potea...?"

Ora, Alfredino, non dico l'intelligenza del cuore, ma quella standard, se ce l'hai, usala! Collegami un paio di neuroni. Come, chi poteva?

"Chi diritto pien ne avea."

Ci arrivi da solo? Vuoi un aiutino? Vuoi fare la telefonata a casa? Chi è che poteva? Chi ne aveva diritto, eh?

"Fu il barone?"

"Sì. Ebben, l'amo."

Come "sì"? Come sarebbe a dire "ebben, l'amo"?

Margherita, anche tu, con quello che abbiamo speso per farti studiare, dai, adesso gli devi dire la verità. Quel giuramento suo padre te l'ha estorto con l'inganno, quindi tu sei libera, devi dirgli la verità, vi dovete parlare, vi dovete spiegare.

"Or tutti a me."

Sconcerto tra gli invitati: che vorrà Alfredo? Non lo so, la festa era carina, il caffè è buono, però ora lui ci deve dire qualcosa, chissà che cosa.

"Questa donna conoscete?"

Come no! Chi la chiama Margherita, chi la chiama Violetta, ma la conosciamo tutti, anche piuttosto intimamente. Però, Alfredo, queste cose le sai, cosa ti viene in mente...?

"Che facesse non sapete?"

Effettivamente tenimmo un'idea precisa assai, della professione della signorina, e quindi sarebbe meglio assai che Alfredino stesse zitto nu' poco.

Ma questa sera Alfredino ha deciso di vuotare il sacco e di informarci che tutto quello che questa donna possedeva l'ha speso per amor suo. No, Alfredo, non eri né cieco, né vile, né misero. In amore si dà e si accetta. Esatto. In amore si dà e in amore...

"È tempo ancora!"

L'ha detto lui. Dai Alfredino, facci sognare, per questa volta cambiaci il finale, è vero, c'è ancora tutto il tempo di cambiare le cose, basta che voi due... Cosa vuoi fare? Vuoi tergerti dalle macchie? Tesoro: o il candeggio, o il pretrattante, o la verità. Vogliamo provare con la verità?

"Qui testimon vi chiamo."

Ecco, bravo, chiamaci testimoni, speriamo in chiesa e non in tribunale. Benissimo, però, adesso dille che l'ami.

"Che qui pagata io l'ho!"

Basta, io non voglio più neanche guardare perché lo so che Alfredo sta per fare un gesto terribile, la cosa più spaventosa, che neanche si rende conto di quanto sia terribile, neanche si rende conto di quanto le sta facendo male, buttandole addosso, davanti a tutti, in questa maniera, i soldi, le banconote, le *fiches*, le monete... Le donne svengono, alcune partoriscono, ad altre arrivano le camelie rosse dopo anni che se n'era persa ogni traccia. Gli uomini si indignano, alcuni si incazzano veramente: Alfredo, ma perché?

E Alfredo non lo sa il perché, sa solo che è disperato, che vorrebbe buttarsi ai piedi di Margherita, implorare il suo perdono e provare a spiegarle che, nonostante le apparenze, tutto questo è amore. È amore. Magari sbagliato, contorto, ma è proprio amore. E se lo facesse, e soprattutto se subito la portasse via da lì, chissà, forse questa storia potrebbe davvero avercelo, un finale diverso. Ma nel frattempo, sul luogo del misfatto, si è materializzato anche il papi di Alfredo. Ora io mi domando e vi domando: quest'uomo vive a Ghenf, che cazzo ne sa delle feste di Parigi? Come fa ad arrivare qui? Questo non è un locale, è una casa privata. Lui come entra? Non c'è nessuno che controlla gli inviti all'ingresso, fanno entrare chicchessia? Ma forse stiamo sbagliando tutto! Il padre di Alfredo è l'ospite d'onore di questa festa. È venuto a godersi il suo momento di legittimo trionfo, come pedagogo, educatore e genitore. Quello che è appena successo è merito suo, è lui che ha istruito fino allo sfinimento il figlio, gli ha ripetuto ossessivamente che le mantenute si pagano, e un galantuomo le mantenute le deve pagare, e a una donna come Margherita non bisogna dare affetto o sentimenti ma soltanto soldi.

E Alfredo ha imparato così bene la lezione paterna che l'ha messa in pratica, ha pagato Margherita in pubblico, davanti a tutti e quindi, be', ci possiamo immaginare quanto suo padre sarà fiero di lui. Ci possiamo immaginare che vorrà congratularsi con lui e, in effetti, il padre di Alfredo si avvicina al figlio, solo che non si congratula. Lo fissa a lungo in silenzio e poi, con

voce stentorea, del tutto inaspettatamente esclama:
"Di sprezzo degno se stesso rende chi, pur nell'ira, la donna offende".

Colpone di scena! Cosa ti è successo, papi? Hai cambiato spacciatore? Guarda che gli hai insegnato esattamente il contrario! L'abbiam sentito tutti. Hai ripetuto a tuo figlio che le mantenute bisogna pagarle, un galantuomo le mantenute le deve pagare, a una donna come Margherita bisogna dare solo dei soldi. Alfredo l'ha fatto per te, Alfredo ha compiuto questo gesto, che sicuramente gli è costato, per farti capire che ti dà ragione, che ha messo in pratica i tuoi insegnamenti, che ha fatto quello che tu ti aspettavi che lui da bravo figliolo facesse. E allora, si può sapere da dove viene questo cambiamento, da dove viene questo improvviso voltafaccia?

"Ah, ma io non intendevo certo dire questo, evidentemente sono stato frainteso."

Non vi ricorda nessuno? A me sì: le stesse parole, la stessa frase, la stessa scusa. Non intendevo, sono stato frainteso. E questo ci spiega tante cose, davvero. Tutte le volte che lo ascoltiamo basiti e ci domandiamo: "Ma queste stronzate, ma dove le va a prendere?". Dai libretti d'opera! Sono la sua fonte di ispirazione primaria! E poi ha il coraggio di spacciarsi per nuovo: macché, tutta roba vecchia, che sa di muffa. Sfido, son passati centocinquant'anni – invano, ma son passati centocinquant'anni. Ancora le stesse identiche parole, la stessa scusa, la stessa morale. Ed è così, oggi come allora, che i presunti padri nobili poi riescono a bloccare i tentativi di cambiamento dei figli. Con la doppia morale, e i due pesi e due misure, e quello che si fa in pubblico non deve corrispondere con quello che si fa e si dice in privato. Ti insegno io a vivere, quello che conta è salvare la faccia, fare bella figura – le apparenze, salvare le apparenze. Oggi come allora, in pubblico sono pronti a gonfiare il petto e a sostenere di voler aiutare le prostitute che vogliono cambiare vita. Ora, signore e signori, se ce n'era una che davvero avrebbe potuto cambiare vita era Margherita. Purtroppo però sul suo cammino ha incontrato un gentiluomo, una persona per bene, che in privato l'ha insultata e ricattata nel più vigliacco dei modi, ma adesso, in pubblico, ha la faccia tosta di ergersi – proprio lui! – a suo paladino, e di dichiarare – lui! – che *"di sprezzo degno se stesso rende chi, pur nell'ira, la donna offende"*. Ma benissimo! allora toccherà disprezzare te, visto che sei riuscito a offenderle tutte, le donne, in questa faccenda, non soltanto Margherita. Vogliamo parlare di tua figlia? Quella poveraccia della sorella di Alfredo, la cui verginità diventa argomento di conversazione in pubblico, viene messa sul piatto della bilancia come valore aggiunto.

Di sprezzo degno se stesso rende chi, oggi come allora, in pubblico dichiara di volersi battere per estirpare una volta per tutte l'orrenda piaga della prostituzione, che è un mercato infame, e che queste donne devono essere aiutate a cambiare mestiere, a lasciare per sempre questa vita. Ma se poi per miracolo succedesse veramente, come la prenderebbe? Mica tanto bene! Oggi come allora, per la gran parte, gli uomini non sarebbero pronti a un simile cambiamento, gli andrebbero in crisi troppi riferimenti, perché non è che sian poi cambiati così tanto. Oggi come allora sono sempre uguali, sempre gli stessi: banchieri, pizzicagnoli e notai...

"Banchieri, pizzicagnoli e notai / coi ventri obesi e le mani sudate / coi cuori a forma di salvadanai / noi che invochiam pietà fummo traviate / Navigammo su

fragili vascelli / per affrontar del mondo la burrasca /
ed avevamo gli occhi troppo belli."

Probabilmente non lo sapete ma solo nel 1999, in
Italia, sono state ammazzate 186 donne straniere,
quasi tutte prostitute.

"Che la pietà non vi rimanga in tasca."

Ma voi
banchieri, pizzicagnoli, notai, dirigenti d'azienda,
elettricisti, poliziotti, ministri, calzolai, avvocati, studenti, musicisti, agenti di commercio, ballerini,
    vigili urbani, sindaci, editori, guardie del corpo,
medici, postini, giornalisti, ambulanti, pescatori, sindacalisti, giudici togati
    sicuramente non immaginate che solo a Milano,
tutti i giorni che Dio manda in terra, si contano centocinquantamila incontri tra clienti e prostitute – no,
dico, centocinquantamila al giorno, tutti i giorni, solo a Milano, è una cifra da capogiro, roba che uno
non si capacita, ma i milanesi, di preciso, quando
cazzo lavorano? Ma dai! Ma non ci si crede! Anche
perché, chi sono tutti questi qua, visto che nessuno di
voi ci va, anzi nessuno di noi conosce qualcuno che
ci vada, e allora, chi sono? Banchieri, pizzicagnoli,
notai, dirigenti d'azienda, elettricisti, poliziotti, ministri, calzolai, avvocati, studenti, musicisti, agenti di
commercio, ballerini,
    vigili urbani, sindaci, editori, guardie del corpo,
medici, postini, giornalisti, ambulanti, pescatori, sindacalisti, giudici togati,
    curatori di immagine, bagnini, fotografi, dj, broker,
dentisti, librai, latifondisti, legionari, cuochi, insegnanti, autisti, redattori,

saltimbanchi, architetti, brigadieri, personal trainer, sottosegretari, panettieri, cantanti, stagionali, chimici, faccendieri, sondaggisti, pubblicitari, maghi, domatori,

voi che "io ci sono stato solo una volta ma da militare per la compagnia", voi che "io personalmente sono contrario, però non ritengo giusto limitare la libertà degli altri", voi che "è uno schifo, uno scandalo, una vergogna, che al paese non posso più neanche uscire con la moglie che c'è in giro tutte queste porche, che i torna al suo paese a far le porche", voi che "ah, no, le schiave no, le minorenni no, dobbiamo assolutamente intervenire e liberarle da questi sfruttatori che le costringono a prostituirsi contro la loro volontà" – perché è ovvio che tutte le altre invece lo fanno perché gli piace...

voi che "in fondo, riaprire le case chiuse è una questione di civiltà e di controllo, perché così le prostitute saranno costrette a farsi rilasciare dei certificati medici" – ma pensa, e i clienti no?, gli untori, no?

voi e il fascino dei vecchi casini, e l'umanità delle maîtresse, e le navi scuola e Fellini e Montanelli, ma siete sicuri di stare bene? Davvero vi sembra normale che qui, e oggi, si debba ancora comperare il corpo delle donne? Dico a voi

banchieri, pizzicagnoli, notai, dirigenti d'azienda, elettricisti, poliziotti, ministri, calzolai, avvocati, studenti, musicisti, agenti di commercio, ballerini,

vigili urbani, sindaci, editori, guardie del corpo, medici, postini, giornalisti, ambulanti, pescatori, sindacalisti, giudici togati,

curatori di immagine, bagnini, fotografi, dj, broker, dentisti, librai, latifondisti, legionari, cuochi, insegnanti, autisti, redattori, saltimbanchi, architetti, brigadieri, personal trainer, sottosegretari, panettieri,

cantanti, stagionali, chimici, faccendieri, sondaggisti, pubblicitari, maghi, domatori, capi del personale,
soggettisti,

assessori, ingegneri, buttafuori, spacciatori, geo-
metri, operai, infermieri, informatici, tassisti, riven-
ditori d'auto, benzinai, semiologhi, sociologi, stilisti,
pompieri, portaborse, portinai, comici, calciatori, ca-
mionisti, dietologi, mafiosi, ragionieri, arrotini, ar-
matori, attori, autisti,

metalmeccanici, mimi, muratori, magazzinieri,
gigolò, borsisti, idraulici, impiegati, minatori, psicoa-
nalisti, agenti immobiliari, principi, duchi, conti, alle-
vatori, ex principi, affaristi, allibratori, assistenti sociali, albergatori, parrucchieri, usurai, commercialisti,

voi che "in fondo diciamocelo che i talebani hanno capito come si trattano le fimmine – ma io sto
scherzando", voi che sinceramente vi indignate per
gli stupri e le violenze e vi stupite anche: "ma come,
voi donne, non fate niente?". Noi? Noi siamo le vitti-
me. Quelli che potrebbero fare qualcosa siete voi,

voi che avete organizzato migliaia di partite di
calcio a favore di qualunque categoria di sfigati della
terra ma mai, mai, vi sognereste di dichiarare semplicemente e pubblicamente il vostro disprezzo per tutti quelli che ancora qui, e oggi, le donne le pagano,
perché "almeno se pago non ho rotture di coglioni, va
bene?", perché "qui si sta parlando dell'istinto più ancestrale del maschio", perché "la prostituzione è come la guerra, c'è da sempre e ci sarà per sempre, dopotutto che cosa ci possiamo fare noi?"

voi

provate pure a credervi assolti, siete lo stesso

coinvolti

per quanto voi,

voi, voi, voi, voi, voi

vi crediate assolti, siete,
per sempre,
coinvolti.

È che è sempre tutto così rapido, nell'opera.

Allora, nella scena precedente Alfredo umilia pubblicamente Margherita, le butta addosso i soldi, davanti a tutti, alla festa. Ecco, è quasi come se quel gesto per lei fosse fisicamente fatale, perché nella scena immediatamente successiva Margherita sta per morire, è sul letto di morte. Alfredo arriva in tempo, non per salvarla, soltanto per tenerla fra le braccia mentre lei esala il suo ultimo respiro. Sublime e crudele sintesi dell'opera.

Il romanzo no, il romanzo è diverso. Il romanzo febbrilmente ci racconta come Alfredo trovi altri modi per vendicarsi di Margherita. Intanto si mette con Olimpia, un'altra mantenuta, bellissima, ex amica di Margherita; e la usa come sicario, la manda in giro nelle situazioni sociali e mondane a provocare e insultare Margherita. Ma Margherita ormai studia da santa e inghiotte rospi su rospi, però si vede che è sempre più provata e poi è sempre più malata, finché, all'ennesima crudeltà, decide di reagire. Forse in un certo senso si umilia fino al punto di andare lei, una sera, a casa di Alfredo a chiedergli, se non pietà, almeno indifferenza. Però a quel punto succede che si vedono, e quando si vedono non ce n'è, si capisce che quei due lì si amano, si amano proprio tanto. Margherita gli dice:

"Alfredo, non c'è bisogno che ti comporti così, puoi stare tranquillo, io a te non chiederò mai più niente, al contrario tu da me puoi avere tutto quello che vuoi, senza neanche chiederlo. Come vuoi, quando vuoi, solo se vuoi. Puoi avermi oppure no, prendermi, lasciarmi, stare con me, andartene, venire da me, dormire a casa mia, tornare a casa tua, quando vuoi, nelle notti più che mai. Sarò bella ancora per poco, fino a quel giorno puoi approfittarne, ma non comportarti così, è assurdo. Ammettiamo che abbiamo sbagliato, io di più? No, guarda, non lo so, sì, va be', sì, d'accordo, tutti quegli sms erano troppi, sì, sì, lo so che ti ho intasato la segreteria di telefonate ma renditi conto! Hai fatto delle robe pazzesche, guarda che l'hanno capito tutti che se ti comporti così in realtà è solo perché ci tieni troppo a me. E allora dai, ammettiamo che abbiamo sbagliato, facciamola finita e torniamo insieme. Guarda, se io ti propongo di tornare insieme, ti giuro che è soprattutto per questo mio problema fisico, io ti giuro che quando siamo lontani ho l'asma. E invece adesso che sei qui respiro così bene! È per questo, capisci, che io devo stare con te, perché io senza di te non respiro, io senza te non esisto, amami, Alfredo, amami quant'io t'amo".

NO. No, se "quanto" vuol dire questo, no. Se "quanto" ha questo prezzo, allora sarebbe meglio di no.

"E la vita sta passando su noi, di orizzonti non ne vedo mai..."

Ma la mattina dopo si svegliano insieme, si illudono che tutto possa ritornare come prima, Margherita gli dice: raggiungimi a casa mia questa sera. Però Alfredo ormai lo conosciamo, mica le dà retta, quando mai? Fa di testa sua, Alfredo. Dopo neanche due ore, si presenta a casa di Margherita, ma lei non lo può ricevere perché è insieme al barone, e allora:

"Basta, basta, puttana!".

Torna a casa, Alfredo, e come una furia le manda per posta – per posta! – una banconota da cinquecento franchi. Lo fa perché vuole umiliarla, lo fa perché è un bambino ferito, lo fa perché nessuno gli ha mai insegnato come altro fare. Lo fa perché è un uomo, un uomo giovane e innamorato, e gli uomini, quando possono, preferiscono pagare quello che li inquieta: è un esorcismo. Ma la cosa più terribile è che con quella banconota spedita per posta la perde per sempre. Nel senso che in quel momento loro ancora non lo sanno, ma non si rivedranno mai più. Altro che Parigi o cara, nel romanzo va a finire così, è una banconota quello che li unisce per l'ultima volta. Margherita morirà prima che Alfredo possa tornare dal suo viaggio, non si rivedranno mai più. Non lo sanno, ma è quella banconota il loro addio.

(*Parte l'*Addio, del passato.)

Addio, del passato bei sogni ridenti, le rose del volto già sono pallenti e l'amore di Alfredo, perfino quello mi manca, conforto e sostegno dell'anima stanca... Sono stanca, stanca, stanca... Addio, chissà quando ci incontreremo di nuovo, un brivido lieve di fredda paura mi percorre le vene e quasi gela il calore della vita... Addio, adesso, morte puoi ben vantarti, hai in tuo possesso una ragazza senza pari... Addio, ma... della traviata, sorridi al desio, a lei, de' perdona, accoglila o Dio.... Morir sì giovane, io che ho penato tanto... Addio, nessuno mi piange, nessuno è mio, non ho notte di nozze, l'anima in pezzi, strascino passi segnati, la mia fine è riarsa, nessuno la irrora di pianto... Addio, casa natia, dove sedendo con un pensiero occulto, si imparò a riconoscere dal rumore dei passi comuni il rumore di un passo, il rumore di un passo aspettato con un misterioso timore... E addio al colore del grano.

(*Parte* As Tears Go By *nella versione di Marianne Faithfull.*)

Del mondo antico e del mondo futuro
era rimasta solo la bellezza, e tu,
povera sorellina minore,
quella che corre dietro ai fratelli più grandi,
e ride e piange con loro, per imitarli,
e si mette addosso le loro sciarpette
tocca non vista i loro libri, i loro coltellini,
tu, sorellina più piccola,
quella bellezza l'avevi addosso umilmente,
e la tua anima di figlia di piccola gente
non ha mai saputo di averla,
perché altrimenti non sarebbe stata bellezza.
Sparì, come un pulviscolo d'oro.
Il mondo te l'ha insegnata,
così la tua bellezza divenne sua.
Ma tu continuavi ad essere bambina,
sciocca come l'antichità, crudele come il futuro,
e fra te e la tua bellezza posseduta dal potere
si mise tutta la stupidità e la crudeltà del presente.
Te la portavi sempre dietro, come un sorriso tra le
                                                              lacrime,
impudica per passività, indecente per obbedienza.
L'obbedienza richiede molte lacrime inghiottite,
il darsi agli altri,
troppi allegri sguardi, che chiedono la loro pietà.

E pensare che invece sono così belli – Dio quanto sono belli, gli sguardi degli uomini, ogni volta che si posano sulle donne non per corrompere, ma per salvare e per raccontare. Per raccontare. Pasolini, Dumas: "Da quel giorno non ho mai più disprezzato una donna alla prima impressione". E poi Giuseppe Verdi e

67

Francesco Maria Piave e poi Pedro Almodóvar e François Truffaut...

Il 28 aprile del 1955, a New York, ai funerali di Constance Collier, che era stata una grande attrice e soprattutto una grande insegnante di arte drammatica, c'era anche Marilyn Monroe. C'era, perché era stata una sua allieva, anzi, come diceva Miss Collier, "il mio problema particolare". Marilyn, essendo a un funerale, era vestita troppo di nero, modello badessa, però siccome in realtà era anche senza trucco, più che altro dicono che sembrasse una dodicenne. La severa miss Collier, che pure aveva avuto tra le sue predilette ben due Hepburn – Audrey e Katharine – e nientepopodimeno che la divina Garbo, aveva comunque accettato anche Marilyn come allieva – stavano lavorando su Ofelia – perché aveva visto in lei qualcosa: una luminosità, una presenza, un'intelligenza a tratti, rapida ed esile come il volo di un colibrì. Qualcosa di troppo fragile per il palcoscenico, forse soltanto la cinepresa sarebbe riuscita a catturarla. Miss Collier trovava che Marilyn fosse "una bellissima bambina".

Forse è così che dovrebbero essere ricordate. Forse è così che dovrebbero essere guardate tutte, assolutamente tutte. Tutte le Margherite e le Violette ma anche tutte le Marilyn e le Marie, con le ossa spolpate dall'anima e dal talento. Tutte, una per una. Ogni Marlene e Romy e Greta e Marianne, ogni Virginia e Sylvia, ma anche ogni Svetlana e Iris e Fatima e Samantha... Ogni incauta aspirante velina, ogni professoressa inacidita e madre rompicoglioni e sorella depressa e figlia inquieta e fidanzata in crisi e amica fragile e collega stronza. Perché ogni donna è, o almeno per un istante è stata, precisamente questo: una bellissima bambina.

ALICE
Una meraviglia di paese

(La scena è una sorta di scatola formata da tanti teli garzati, leggeri, di quel colore che la moda definisce "écru" – in realtà Antonio Marras li ha tinti con il tè. Nel corso dello spettacolo, i teli appoggiati per terra verranno via via sollevati, fino a scoprire una scacchiera bianca e nera. In diversi momenti, dall'alto scenderanno, nell'ordine: un lunghissimo abito, una specie di tenda fatta di tanti guantini di lana e un enorme, inquietante albero orizzontale. Nel finale, prima che la voce di Suzanne Vega intoni Stay awake, *come per magia i teli che compongono le pareti della scatola cadranno a terra tutti insieme.)*

C'era una volta... C'era una volta un bambino, che viveva con la sua famiglia una vita normale e tranquilla, in una cittadina della Germania: Wüppertal. Era più o meno la metà del secolo scorso, no, era un po' prima. E un giorno, all'improvviso, tutto cambiò. Uomini feroci, in divisa, sterminarono la sua famiglia sotto i suoi occhi. E da quel giorno lui diventò cieco, non poté vedere, mai più. E lo portarono via – Birkenau –, e per anni lo usarono come cavia per esperimenti innominabili. E lui non vedeva e non parlava. Però sentiva tutto, ascoltava tutto, ogni sillaba, ogni parola dei suoi torturatori. Quel bambino si chiamava Friedrich Niemand, che nella nostra lingua suona più o meno come Federico Nessuno.

Ci sono nomi che racchiudono destini, nomi profetici, nomi evocativi, nomi altisonanti, nomi nobili, nomi semplici, nomi banali, nomi brutti. E poi ci sono nomi che da soli, ma proprio soltanto a pronunciarli, raccontano storie. *Sono* storie.

"Chi torturiamo oggi?"

"Nessuno!"

Nessuno. Il giorno che sterminarono la sua famiglia, Federico Nessuno aveva esattamente sette anni e sei mesi. Non un giorno di più.

Circa un secolo prima, anzi un po' meno, una bambina si ritrovava protagonista di una serie di avventure assolutamente strabilianti, con continui stravolgimenti spazio-temporali, cambi di dimensione e di dimensioni, teletrasporti, animali parlanti, processi farsa e padroni delle parole. E se ci vedete della satira politica è un problema vostro. Perché io sto parlando di una bambina che si chiamava Alice, e che al tempo del suo viaggio aveva esattamente sette anni e sei mesi. Non un giorno di più.

E il suo nome – Alice – ha attraversato il mondo e gli anni, ben al di là del libro, del film o del personaggio. È diventato un nome-simbolo, un nome-valigia, almeno da una quarantina d'anni a questa parte. Alice è soprattutto un nome di sorelle, figlie, nipoti, non tanto di mamme, nonne o zie. Ed è un nome carino, orpo!, molto carino; soprattutto con quello che c'è in giro oggi, chiamarsi Alice c'è da leccarsi le dita. No, come la vogliamo mettere con le 530 creature innocenti che nel 2003, in America, sono state battezzate Porsche? All'anagrafe, non all'Automobile Club. 280 Armani, 300 McDonald's, con l'apostrofo e la esse. Stiam parlando di nomi, non cognomi, nomi propri, nomi di battesimo: "McDonald's, vieni dalla mamma!".

Una sberla alla mamma...

492 Chanel, vi ricorda niente? 603 creature innocenti le hanno chiamate Fanta!

Uno dice: cosa ce ne frega a noi, son stronzate americane. Il fatto è che noi le importiamo tutte, le stronzate americane. Non ce ne lasciamo scappare una. Infatti, a parte la figlia di Totti, un paio di mesi fa ho letto che (non ricordo esattamente dove, comunque in Europa) un bambino l'hanno chiamato Google. Google! E nessuno leva la patria potestà ai genitori? Google!? È un reato chiamare un bambino Google. Anche Chanel. Non sono nomi, i nomi devono raccontare storie, creare legami, evocare, suscitare fantasie. Alice sì che è un nome che suscita ed evoca, fin troppo. Se io mi lascio andare e penso "Alice", la prima cosa che mi viene in mente...

Oddio, se devo proprio essere sincera la prima cosa che viene in mente a me in realtà è *Il ristorante di Alice*, che era il titolo di un film e anche di una bellissima canzone di Arlo Guthrie, però quella che viene in mente a me è una canzone italiana, una canzone originale anche se aveva lo stesso titolo. Si chiamava, appunto, *Nel ristorante di Alice*, la cantava parecchi anni fa e con innegabile successo l'Equipe 84 e la trama era decisamente appassionante: "Nel ristorante di Alice stasera nessuno è felice". Porca di una miseria, si mangia così male? No. Il problema è assai più serio. Il problema è che il cantante dell'Equipe 84, il celebre Maurizio Vandelli, quel giorno era stato mollato dalla fidanzata. Quindi nel ristorante di Alice c'era dovuto andare da solo, poverino, con la seggiolina vuota davanti, tutto triste, per cui gli altri clienti a commentare: eh, ma che roba, che tristezza, che depressione, fa passare l'appetito anche a noi... D'altro canto questo fa parte del rapporto conflittuale che l'Equipe 84 ha sempre avuto con i locali pubblici. Nel ristorante di Alice è andata così... Seduto in quel caffè non pensava a lei, ha fatto un casino che ce lo ricordiamo ancora, ed era il 29 settembre, giorno del compleanno di Berlusconi. È vero che allora non si poteva prevedere, ma sono indizi che andrebbero colti per tempo.

Alice invece ha ispirato fior di registi. Wim Wenders, *Alice nella città*, Scorsese, *Alice non abita più qui*, Woody Allen! Mica tanti anni fa, Woody Allen ha fatto un film che si intitolava appunto *Alice*, proprio come la canzone (bellissima) che dà il titolo a un album (bellissimo) di Tom Waits.

E poi anche in Italia, allora: Radio Alice. Sarà mica un caso se Radio Alice si è chiamata proprio così, e sarà mica un caso se Radio Alice è rimasta nella memoria, nell'immaginario collettivo con le sue leggende, con i suoi slogan fantastici, mai più eguagliati: "Non faremo un passo indietro, neppure per prendere la rincorsa".

Non a caso Alice è stata amata ed evocata dai nostri più grandi cantautori: c'è una Alice di De André, quella che si fa il whisky distillando i fiori. E poi, va be', c'è quella per eccellenza, per antonomasia, la Alice di Francesco De Gregori. La dolcissima e indimenticabile Alice di Francesco De Gregori: "Alice guarda i gatti e i gatti muoiono nel sole". Ecco. A questa basta un'occhiata e stecchisce torme di felini innocenti. Era terribile. Portava una sfiga spaventosa, l'Alice di De Gregori, ma non importa: è per lei, per tutte le Alice che abbiamo incontrato e per tutte quelle che non conosceremo mai, per le bambine amatissime di oggi, per le ragazze sicuramente complicate di domani, per Alice Sebold, Alice Bisio, Alice Pennac, per Alice Toklas,

Alice Munro e Alice Lakwena che si batte per la libertà del popolo ugandese. Insomma, è per loro e per tutti noi che non ci stanchiamo mai di ascoltare e di raccontare, che andiamo a incominciare una storia che è davvero una storia fantastica, una storia mirabolante. Una storia che in realtà è un viaggio, un viaggio che comincia un giorno di molti, molti anni fa, e questo viaggio comincia con un buco nella terra che conduce in un luogo sotterraneo, pieno di simboli misteriosi e di personaggi inquietanti, e se comincia così o è la *Divina Commedia* oppure è... *Alice*!

Allora, tutto ha inizio in un pomeriggio d'estate, ma a ogni buon conto "lascia da parte il tempo, se vuoi capire questa storia"...

Alice si sta annoiando in un prato, l'unico libro a portata di mano non ha né dialoghi né figure, e a che cosa serve un libro se non ha né dialoghi né figure? A un tratto Alice vede passare di lì un coniglio bianco che estrae un orologio dal panciotto e borbotta qualcosa tra sé. Ovviamente Alice lo segue, e non si può darle torto, ma lo segue proprio, non smette di seguirlo neanche quando il coniglio si infila in una buca sotterranea dall'aria parecchio profonda. Alice, impavida, lo segue, anche lei si butta nella buca, sottoterra, underground, e comincia questa caduta lunghiiiiissima eppure lenta, lenta, lenta, lenta. Alice ha tutto il tempo di guardarsi intorno, di notare che le pareti della buca sono foderate di scaffali pieni di vasetti di marmellata, un vasetto lo prende al volo, lo apre, purtroppo è vuoto, ma Alice non lo lascia andare, no! È una ragazzina molto saggia, sa che potrebbe finire in testa a qualcuno e così trova il modo, sempre cadendo lentamente, di appoggiarlo su uno scaffale più in basso, e mentre cade lentamente non sta zitta un minuto, ragiona a voce alta, si chiede dove la porterà questa avventura, che cosa starà facendo la sua amata gatta Dinah, e poi improvvisamente la caduta ha termine, Alice atterra, rimbalza, si rialza, corre in cerca del coniglio, ma il coniglio non c'è più. Alice finisce in un lungo vestibolo pieno di grandi porte, tutte, ahimè, chiuse a chiave; opportunamente su un tavolino trova anche una chiave, ma una chiave piccola, una chiave minuscola, una chiave piccina picciò, troppo piccola per poter aprire quelle grandi porte. Poi, guardando meglio, dietro a una tenda Alice vede un'altra porta, e questa sì è una porta piccola, minuscola, una porta piccina picciò, una porticina perfetta per essere aperta dalla chiave piccina picciò, e dietro la porta c'è un giardino niente male: alberi e presumibilmente anche vasca idromassaggio. Alice vorrebbe molto superare la porticina, ma è lei a essere troppo grande e grossa. Neanche il tempo di pensare "come sarebbe bello se potessi rimpicciolire" che, tracchete!, sul tavolino, accanto alla chiave, compare una bottiglietta, giuro, prima non c'era, una bottiglietta con su scritto "bevimi". E Alice no no, Alice non la beve, ma stiamo scherzando? Alice è una ragazzina piena di buon senso, ben educata, sa che non può bere la prima cosa che le capita davanti, metti che c'è troppo sodio, o troppo poco potassio, son mica rischi da correre. Controlla gli ingredienti, vanno bene, così la beve, anzi, la tracanna di gusto, la bevanda misteriosa, che tra l'altro è buonissima, visto che sa di

crema,
ananas,
torta di ciliegie,
tacchino arrosto,
caramella mou
e pane e burro.

Tutto insieme appassionatamente. È una bevanda magica. Esaudisce il suo desiderio, e Alice comincia a rimpicciolire, rapidamente diventa piccola, diventa sempre più piccola, diventa davvero minuscola, diventa piccina, piccina, piccina picciò, perfetta per entrare nella porticina ma, ahimè, la chiave è rimasta sul tavolino, che adesso per lei è diventato altissimo, e irraggiungibile. E allora scoppia in singhiozzi: "Ma porca miseria, perché sono sempre i dettagli che mi fregano?". Poi però si rimprovera, perché Alice è così, quando fa qualcosa di sbagliato se lo dice da sola: "Non bisogna piangere". (Quando il gioco si fa duro, le bambine cominciano a giocare.) In quel momento, non ci crederete, le compare davanti un pasticcino con su scritto "mangiami" e Alice lo mangia, subito, anche perché, onestamente, si è mai sentito parlare di pasticcini avvelenati? No. In genere sono polpette, e più che altro metaforiche, a meno che non si sia dei cani, e non è il nostro caso. E il pasticcino è magico anche lui, funziona al contrario, e Alice comincia a crescere, rapidamente torna come prima, ma poi non smette di crescere, "addio, piedini", diventa sempre più alta e grande e grossa, alta, grande e grossa, alta e grande e, bang!, sbatte la testa contro il soffitto, è enorme, gigantesca, laggiù sul tavolino minuscolo la chiave è invisibile e inservibile, Alice scoppia a piangere un'altra volta. E grande e grossa e singhiozzante com'è, involontariamente terrorizza proprio il coniglio bianco che sta di nuovo passando di lì e che per lo spavento involontariamente lascia cadere guanti e ventaglio (accessori notoriamente indispensabili per qualunque roditore alla moda). Alice raccoglie il ventaglio e comincia a farsi vento e intanto che si fa vento col ventaglio del coniglio (col ventiglio? Col conaglio?) si rende conto che ieri non c'erano problemi, ieri la sua vita era perfetta, "Yesterday, all my troubles seemed so far away", ma anche il ventaglio è magico e così Alice comincia a rimpicciolire, rapidamente diventa piccola, diventa sempre più piccola, diventa minuscola, diventa di nuovo piccina, piccina, piccina picciò, perfetta per entrare nella porticina, ma un'altra volta la chiave è rimasta sul tavolino che adesso per lei è di nuovo altissimo, irraggiungibile, e Alice scoppia ancora in singhiozzi disperati, non riesce a trattenersi, versa fiumi e fiumi di lacrime, poi a un certo punto inciampa – e secondo me impreca, anche se l'autore non l'ammette – e si ritrova a nuotare. Perché deve nuotare, povera bambina? Perché è finita in un – cos'è? – un lago, è salato, un mare, un lago di lacrime, il lago formato dalle lacrime che lei stessa ha pianto poco prima, quand'era grande e grossa. Ma non è da sola a nuotare nel lago, no, accanto a lei nuota un topo: "Topo, topo senza scopo, dopo te cosa vien dopo?". Dopo il topo arrivano un aquilotto, un'anatra, un pappagallo e un dodo e tutti quanti nuotano vigorosamente insieme ad Alice fino alla riva.

Ora, tutto questo, e con questo ritmo, succede nei primi due capitoli del primo dei due libri di Alice, e ci fa capire in modo inequivocabile una cosa fondamentale: Alice è... è una donna! E non potrebbe essere diversamente, non soltanto per una precisa scelta del suo autore, Lewis Carroll, personaggio assai singolare. Intanto Lewis Carroll era un diacono, un pastore anglicano. Bene, il reverendo Lewis Carroll ha più volte dichiarato di amare tutti i bambini del mondo, a parte i maschi. Ovvio che si scegliesse una protagonista femminile. Ma a parte questo, e a parte l'aspetto fisico, che Alice sia una donna lo capiamo proprio da quello che fa, e soprattutto da come lo fa.

È curiosa, coraggiosa, un po' sventata.

Completamente concentrata su se stessa e però in grado di occuparsi contemporaneamente di tutto il resto del mondo.

Si dà un sacco di buoni consigli ma non li segue quasi mai.

Sa fare un sacco di cose ma le sembra di non saper fare mai niente abbastanza bene.

Piange con gusto ma non si crogiola troppo nei suoi dolori.

Se sbaglia non ha paura di riprovare, è piena di energia, piena di risorse, piena di qualità eppure in ogni situazione si sente sempre e comunque

INADEGUATA!
O troppo alta, o troppo bassa,
le dici magra, si sente grassa,
son tutte bionde, lei è corvina,
vanno le brune, diventa albina.
Troppo educata, piaccion volgari!
Troppo scosciata per le comari!
Sei troppo colta e preparata,
intelligente e qualificata,
il maschio è fragile, non lo umiliare,
se sei più brava non lo ostentare!
Sei solo bella ma non sai far niente,
guarda che oggi l'uomo è esigente,
l'aspetto fisico più non gli basta,
cita Alberoni e butta la pasta.
Troppi labbroni, non vanno più!
Troppo quel seno, buttalo giù!
Sbianca la pelle, che sia di luna!
Se non ti abbronzi, non sei nessuna!
L'estate prossima, con il cotone
tornan di moda i fianchi a pallone,
ma per l'inverno, la moda detta,
ci voglion forme da scolaretta.

Piedi piccini, occhi cangianti,
seni minuscoli, anzi giganti!
Alice assaggia, pilucca, tracanna,
prima è due metri poi è una spanna.
Alice pensa, poi si arrabatta,
niente da fare, è sempre inadatta.
Alice morde, rosicchia, divora,
ma non si arrende, ci prova ancora.
Alice piange, trangugia, digiuna,
è tutte noi,
è se stessa,
è nessuna!

E così, a sette anni e sei mesi, Alice parte per questo lunghissimo viaggio, che la porterà prima nel
paese delle meraviglie – Wonderland – e subito dopo
attraverso lo specchio. Quello che va detto subito, per
chiarezza, è che non sarebbe possibile seguirla veramente dappertutto, in tutti gli incontri, i viaggi, le avventure; non si può perché sono troppi, e non basterebbe il tempo...

"Lascia da parte il tempo, se vuoi capire questa
storia."

Questa è una frase preziosa. "Tempo" è una delle
parole chiave che l'autore ci fornisce per fare in modo che non ci perdiamo nel mondo di Alice. Dobbiamo dimenticare il tempo come lo conosciamo e con-
cepiamo noi, perché il tempo di Alice è un'altra cosa.
È elastico, circolare, vagabondo, va e torna. Il tempo
di Alice è sempre per sempre, è tutti i nostri ieri e la
nostalgia del futuro. Il tempo di Alice è essere bambini e adulti insieme, e impastati con la materia di cui
sono fatti i sogni, e sognarli ed esserne sognati, ma
tutto insieme, tutto contemporaneamente, senza li-

miti, senza vincoli, senza la gabbia della cronologia e dell'unidirezionalità.

"Battere il tempo? Ingannare il tempo? Uh, uh, uh, ma che dici Alice? Immagino tu non abbia mai neppure parlato con il tempo!"

"Come sarebbe a dire, bambina? Qualcuno avrebbe ammazzato il tempo?"

"Avresti dovuto vedere il tempo che c'era ai miei tempi."

Avresti dovuto vedere il tempo che c'era ai miei tempi...

Parola chiave numero due: meraviglia. Ora, in inglese si possono fare dei giochi di parole semplicissimi e folgoranti. Lo so che rischio l'effetto Rai Educational, però poi alla fine è carino. Allora, allora, vediamo un pochino insieme. Il verbo *to wonder*, scritto con la "o", significa meravigliarsi, ma, attenzione, anche domandarsi. Mentre il verbo *to wander*, scritto con la "a" – una sola vocale di differenza, – significa vagabondare, e dunque errare. Che, si sa, è umano. Mentre è diabolico perseverare: in che cosa?

Nell'errare nell'errore?

Nel vagabondare nel vago?

O forse nel meravigliarsi della meraviglia?

E allora come sarà, e cosa farà e soprattutto fino a dove ci porterà questa nostra Alice,

Meravigliosa,

Meravigliante,

Meravogliosa,

Metavagante,

Miracolosa,

Errabondante,

Vagabondosa...

Wandering with William Wordsworth
Wondering while world is whimsical
Witty waiting
Whitening whales
While words whisper
Within waves
Wells and worms
Walls and wombs
Witch and wizards
Ways and wrongs
Wednesdays weapons, water, sand...
Is this really Wonderland?

Parola chiave numero tre: sguardo. Ma non perché "la meraviglia sta negli occhi di chi guarda". Questa è una di quelle frasi che ripetiamo a memoria
convinti che siano di grande saggezza. Non è vero. Ci
porta fuori strada. La meraviglia, le meraviglie esistono: altroché. Solo che bisogna essere bravi a guar-
darle. Ecco, Alice è straordinaria in questo: nella sua
capacità di guardare, e vedere, e riconoscere la meraviglia. Di impararla anche, quando serve. In un certo
senso Alice va costantemente a scuola di meraviglia,
ma non ci va ben disposta, anzi, Alice è una ragazzina concreta, con i piedi piantati per terra, poco incline all'assurdo. Per esempio, discutendo con una delle
regine, afferma in piena convinzione che:
"Non si possono credere le cose impossibili!".
"Oh, oh, oh, bambina, è solo una questione di
esercizio. Io, alla tua età, mi esercitavo mezz'ora al
giorno, e così riuscivo a credere a sei cose impossibili già prima di colazione..."
Parola chiave numero quattro, ma anche uno,
due, tre, quattro, cinque, sei, sette, otto: parole. Parole, parole, parole, linguaggio, verbo, mot, langue, pa-

role, language, speech, words, parole, e parole ancora e sempre parole. Alice vive di parole, si nutre di parole, Alice parla sempre, non tace mai, è come il ciuchino di *Shrek*, uguale. È vero che l'hanno educata alla conversazione a ogni costo, però qui c'è dell'altro, qui c'è l'autore: il reverendo Lewis Carroll, giovane diacono sicuramente bizzarro e stravagante ma anche assai colto, perfino erudito. Era appassionato di enigmistica, oltre che di logica e di fotografia. Ma soprattutto aveva questo gusto carnale, smodato, epicureo per le parole, per la pura bellezza delle parole, per i giochi che con le parole si possono inventare, per i canti e le danze che le parole sanno mettere in scena. Carroll è uno che parla per dire e per raccontare, per sorprendere e per sobillare, per divertire e per depistare, per farsi ascoltare e ascoltarsi parlare, per puro piacere fonetico e totale disprezzo semantico. Si parla perché le parole sono belle! E non importa se la conversazione non ha un senso, bisogna godersela per quello che è, perché comunque è un ritmo, una danza, una vertigine.

"Siate quello che volete sembrare agli altri, o se preferisci che te lo spieghi più semplicemente, bambina, non immaginatevi mai di essere diversi da quello che potete apparire agli altri, perché quanto lo foste, o possiate esserlo stati, non è stato diverso da quello che avreste dovuto per poter apparire loro diversi."

"Ok, io però preferirei vederlo scritto."

È geniale, la replica di Alice. Da ricordarsela. L'unica cosa inquietante è che questa stessa frase – "preferirei vederlo scritto" – in un altro momento la dica anche Humpty Dumpty. Ed è inverosimile che Alice e Humpty Dumpty possano avere in comune anche soltanto una frase. Sono talmente diversi! È pur vero che Alice lo dice a proposito delle parole, mentre ovviamente Humpty Dumpty lo dice a proposito del calcolo aritmetico per il quale poi è diventato inopinatamente famoso nel mondo. Massì, la faccenda dei non compleanni. No, non è il cappellaio matto, no, quella è proprio un'invenzione di Walt Disney. In realtà nel libro è Humpty Dumpty a spiegare ad Alice, e quindi a tutti noi, quanto sia più furbo e conveniente festeggiare e farsi fare regali per i propri non compleanni. Ce n'è obiettivamente parecchi di più. È un principio che poi deve aver ispirato la new economy, robe così.

Però io non lo trovo così geniale, così sorprendente: è un giochetto. Quanti giorni ci sono in un anno? Trecentosessantacinque. Quanti compleanni? Uno. Quindi tutti gli altri sono non compleanni, ah, ah, ah... È che io non amo Humpty Dumpty. Lo confesso. Probabilmente non sono obiettiva, anche perché non lo capisco. Humpty Dumpty non è un personaggio noto qui da noi, è il protagonista di una celeberrima filastrocca inglese.

"Humpty Dumpty sat on a wall..."

Humpty Dumpty sedeva su un muro, Humpty Dumpty cadde giù dal muro...

Questo succede nella filastrocca, e quindi questo terrorizza Alice. Che quando lo incontra, Humpty Dumpty, lo trova davvero in cima a un muro. E il muro è parecchio alto e sottile e lui non ha l'aria stabile, anzi ondeggia pericolosamente, con quelle gambette corte che annaspano nel vuoto. È tronfio, è sgradevole, poi non è adatto a stare in equilibrio, Humpty Dumpty, è un uomo – uomo è una parola un po' forte – è... è un uovo. Io non ho niente contro le uova, per carità, massimo rispetto, però si è mai sentito dire stabile come un uovo? In equilibrio come un uovo? Solido come un uovo? Un motivo ci sarà! E oltretutto è proprio antipatico, di una permalosaggine inaudita.

A un certo punto Alice, per ingraziarselo e anche per evitare che faccia dei movimenti bruschi, gli dice:

"Complimenti signore, avete veramente una bellissima cravatt...! No, cioè, volevo dire, una bellissima cintura".

Non si capisce se sia una cravatta o una cintura. Quando uno è un uovo, non è che ha il collo o il giro vita, si mette una roba per così e può essere un papillon, una fascia, un reggibraghe. Non è un'osservazione tanto peregrina.

"Questa è una cravatta, bambina, e mi meraviglio che tu non l'abbia capito subito. Anche perché è una cravatta bellissima, visto che me l'ha regalata una regina. È un regalo regale. Perché devi sapere, bambina, che io con le regine e con i re e con i presidenti, eh, ci sentiamo al telefono tutti i giorni. Perché io sono un uomo molto amato, molto famoso, il mio nome sta su tutte le enciclopedie. Il tuo nome sta su qualche enciclopedia? Ah no? E allora come pensi di avere un posto nella vita, se non ce l'hai neanche sull'enciclopedia? E poi dimmi, bambina, quanti anni avresti? Sette anni e sei mesi? Be', è un'età sbagliata, è un'età sciocca. Avresti dovuto fermarti a sette."

"Sì, però abbia pazienza, non è che uno può smettere di crescere."

"Uno magari no, ma due sì. Se non sei capace di fare le cose da sola, fatti aiutare da chi è più esperto di te. Comunque sei fortunata, perché ora hai incontrato me, bambina."

E quando comincia a sorridere diventa ributtante. È un sorriso talmente ipocrita, melenso, fasullo, inutile, ingiustificato. Cosa c'ha da sorridere tanto? Eppure sorride in continuazione. Sorride in modo abnorme, innaturale. Nessuno sorride così in natura. Sorride talmente tanto che se non avesse le orecchie, la bocca gli farebbe il giro della testa. Io non sto alludendo a nessuno di contemporaneo, sto solo citando alla lettera Lewis Carroll.

"Sei davvero fortunata ad aver incontrato me, bambina, io sono un uomo straordinario, per comune ammissione sono probabilmente, ebbene sì, l'uomo più tracotante della terra."

"Mi perdoni, temo che lei non sappia che cosa significa tracotante."

"Come ti permetti, bambina? Io so perfettamente che cosa significa tracotante. Significa appunto uomo di infinita bellezza e sovrumana intelligenza, inviato sulla terra direttamente dagli dei, a compiere missioni per chiunque altro impossibili, a patto che lo si lasci lavorare in pace." (Ho aggiunto solo questa ultima frase perché non ho resistito alla tentazione, ma il resto è Lewis Carroll, giuro.)

"E dunque, bambina, ti ripeto che puoi fidarti e affidarti alla mia sublime, straordinaria tracotanza."

"E io le ripeto, signore, che tracotanza non vuol dire quello."

"Quando *io* uso una parola, questa assume il significato che *io* decido."

"Be', no, cioè, bisogna vedere se lei può dare tutti questi significati alle parole..."

"No, no, no: bisogna vedere chi è che comanda. Io, le parole, le pago. Dovresti vedere come scodinzolano, il sabato sera, quando vengono a prendere lo stipendio."

Lo so, è impressionante, sembra scritta apposta per noi da Michele Serra domani mattina, e invece no. L'ha scritta centocinquant'anni fa un diacono inglese. Fantastico. Sorprendente. Ecco, forse è questo: quando ci spiegano che i classici sono nostri contemporanei, be', forse vuol dire questo. Vuol dire che cose scritte cento, duecento, cinquecento anni fa non solo ci piacciono ancora oggi, ci coinvolgono e ci interessano, ma sembra proprio che ci riguardino. A volte addirittura che ci descrivano come siamo oggi, come siamo diventati adesso. In questo senso forse *Alice* è un libro speciale. Per esempio, ha sempre avuto un rapporto molto particolare con la satira, fin da quando uscì per la prima volta nel 1865, in Inghilterra e poi in tutti i paesi in cui è stato esportato e tradotto. La satira si è sempre impadronita dei personaggi di *Alice* per prendere in giro, mettere alla berlina e a volte denunciare le malefatte dei potenti del luogo e del momento. Non c'è particolare malizia o dolo: è un gioco innescato dalla straordinaria duttilità di questi personaggi, che sono così surreali eppure così precisi, così folgoranti. Certo, la cosa che sembra incredibile è come gli stessi personaggi di allora possano continuare ad adattarsi a ogni situazione, a ogni regime, a ogni epoca. Eppure è letteralmente così, ancora oggi funzionano alla perfezione. Anche perché quale paese al mondo non ha mai avuto un cappellaio matto che si mette a farsi le leggi su misura? Un re degli scacchi, piccolo, tronfio, pavido e malevolo? Un sorriso senza niente intorno? Un tipo tracotante che paga le parole per fargli dire quello che vuole lui?... Se mai, più raro è trovarseli tutti concentrati in una persona sola...

"Ah, guarda, ti gggiuro, per me questa è un'esperienza sconvolgente. Cioè io francamente, no, avevo letto *Alice* tipo da bambina e mi era sembrata una stronzata, invece lo sto rileggendo adesso, no, con questa diversa maturità, con questa diversa consapevolezza, be', ti gggiuro, è un libro folgorante, mi sta facendo uscire di testa. Perché, capisci, sembra che ritragga la nostra realtà allucinante di oggi, ci sono tipo dei personaggi pazzeschi. Per esempio, c'è questo Humpty Dumpty, questo stronzo supremo, no?, be', sai che cosa dice? Che lui le parole le paga, che le parole se le compra, cioè, ti rendi conto?, cioè, noi oggi in pratica siamo governati da Humpty Dumpty, no? da uno che si compra le..."

Un momento. A me risulta che, in genere, se c'è chi compra, vuol dire che c'è chi vende. Allora, giusto per imparare anche noi a usare il metodo di Alice, proviamo a cambiare il nostro punto di vista. Per una volta, proviamo a mettere la questione in questi termini:

CHI HA VENDUTO LE PAROLE?

In questo fottutissimo delirio di libero mercato possibilmente globale, si può sapere chi cazzo è stato a VENDERLE, le nostre parole?

Per carità, i compratori hanno giocato sporco e pesante, ci hanno intontiti con la propaganda, ci hanno fatto offerte rutilanti che sembrava impossibile, e soprattutto stupido, rifiutare: ma noi? Quanto ci abbiamo messo, noi, a venderle, le nostre preziose parole? Certo, "preziose" è un concetto relativo:

"Vedi, Alice, qui il linguaggio vale mille sterline a parola".

Be', qui no. In questa meraviglia di paese, sicuramente no.

Va anche detto che all'inizio, più che una cessione o una dismissione, ci era sembrato soprattutto una sorta di leasing. Parole in prestito che restavano nostre, e comunque parole da poco, più che altro piccole frasi fatte, banali, poco impegnative. Noi continuavamo a usarle, però abbiamo cominciato a trovarcele anche in altri contesti, e così hanno iniziato anche a suonarci un pochino bizzarre. Che so? Robe come "scherzi a parte", "porta a porta", "affari tuoi", "fatti vostri", "verissimo". Poi abbiamo cominciato a renderci conto che a fare il tifo per la Nazionale di calcio si finiva per fare propaganda politica... E a quel punto abbiamo cominciato a vendere. Anche perché le prime parole che ci hanno chiesto erano talmente leggere, pesavano talmente poco, ma sì, ma vendiamole, che sarà mai? Ce le ricompriamo quando ci pare. Paroline da nulla come "buon senso", buon gusto", "senso del limite", "senso del ridicolo", "senso della misura", "educazione", "conversazione". Poi, impercettibilmente, hanno cominciato a diventare un po' più pesanti e impegnative: "coerenza", "decenza", "rispetto", "regole", "intelligenza", "ironia", "satira", "cultura". E a quel punto abbiam venduto tutto, ma proprio tutto tutto tutto. "Diritti", "onestà", "libertà", "legalità", fraternità", "uguaglianza", "democrazia", "giustizia", "tolleranza", "sovranità nazionale", "unità nazionale", "pace".

Se c'è chi compra, c'è chi vende.

"Dimmi un poco, Alice, quanti anni hai? Sette anni e sei mesi? Ma questa è un'età sciocca, avresti dovuto fermarti a sette!"

"Oh, bambina, ma perché hai voluto crescere così tanto? Non lo sai che è sbagliato? Non bisogna crescere, bisogna smettere di crescere."

È un continuo, un'ossessione. Non soltanto Humpty Dumpty, ma praticamente tutti i personaggi che Alice incontra le ripetono la stessa cosa: non bisogna crescere. Sei cresciuta troppo. Dovevi fermarti prima. Evidentemente è un'idea condivisa dall'autore, anche se non torna tanto con l'immagine che ci stiamo facendo di lui. Il reverendo Lewis Carroll era un giovane diacono sicuramente bizzarro e stravagante, ma anche autenticamente colto, e per di più appassionato di scienza. Eppure anche lui si trova a condividere questa idea davvero scontata che attraversa la nostra cultura non so da quando, ma sicuramente fino ai nostri giorni. Questa convinzione che i bambini siano belli solo finché sono piccoli, che coi figli si possa avere un buon rapporto solo sotto una certa età.

"Guarda, a me i cittini mi piaccian tanto, però finché restan cittini. Perché quando crescono, niente, diventan grandi, no? Sicché... niente, cambiano, 'un son più loro, via, sicché... de', 'un ci si trova più..."

"Uh, le creature, io adoro le creature, senza falsa modestia credo di avere una vocazione, per le creature, io proprio ci sto bene assai con le creature, io ho un ottimo rapporto, io vivrei sempre circondata da creature, creature... Però fin che restano creature. Perché quando le creature crescono, uh!, quando le creature crescono, uh!, quando le creature crescono cominciano solo problemi e conflitti, e conflitti e problemi, uh! E nun si sape pecché, ma di questi problemi in famiglia non se ne viene a capo mai, uh, e allora per forza di cose bisogna andarne a parlare alla televisione. Uh!"

Uh.

I figli come emanazione di sé, amatissima proprietà privata, "piezz'e core" per i quali sacrificare magari tutto, a patto che non manifestino una personalità autonoma. Poi c'è addirittura chi sostiene che l'infanzia sia l'unica vera età dell'oro nella vita umana, l'età della perfezione, della felicità, della grazia assoluta, senza ombre, senza difetti... Però è una teoria smentita da molti, fra l'altro anche da molti personaggi della letteratura per bambini. Primo fra tutti, io direi, Peter Pan. Che ha parecchio in comune con Alice: sono inglesi tutti e due, sono tutt'e due grandi viaggiatori, sono più o meno coetanei...

Per la verità Peter Pan arriva una quarantina d'anni più tardi, ma si sa: i maschietti ci mettono di più a maturare. Quello che invece li differenzia in modo sostanziale è la cartella clinica, l'anamnesi. Alice è una ragazzina tutto sommato tranquilla, equilibrata, senza particolari turbe né patologie, mentre Peter Pan, avendo subito un trauma assai grave in età precoce, ne porta i segni per tutta la vita. Infatti lui c'ha anche la sua brava sindrome. Come no? La sindrome di Peter Pan. Certo che esiste, è una cosa molto seria. Non solo è stata acclarata e diagnosticata ufficialmente, ma mai come in questo momento sta preoccupando la comunità scientifica internazionale, perché mai come in questo momento sta raggiungendo una diffusione epidemica veramente allarmante. Pare che oggi non esista maschio caucasico, in età compresa fra i trentasette e i cinquantacinque, che non sia a rischio di ripetuti e spesso invalidanti attacchi di sindrome di Peter Pan.

"Cara, credimi, io capisco il tuo punto di vista, noi stiamo insieme da diciassette anni e tu vorresti che io cominciassi a fare progetti di convivenza, ma... non posso. Non posso perché sono un uomo malato, soffro di sindrome di Peter Pan e per ora non c'è cura. Però vedi, cara, sei così importante per me, io non vorrei perderti, vorrei che tu potessi essere per sempre la mia Wendy. Sarebbe così dolce per me sapere che tu sarai sempre lì ad aspettarmi, pronta a ricucirmi l'ombra ogni volta che mi si staccherà dal corpo..."

Va detto invece, per correttezza, che il trauma subito da Peter Pan – il Peter Pan originale, quello della favola – è una cosa spaventosa, terrificante. Se lo dimenticano ai giardinetti! Va' che è brutto per un bambino, eh! E lui è un bambino molto piccolo, non ha neanche un anno e mezzo. Un giorno una tata infame lo porta in carrozzina ai giardini di Kensington, a Londra, lui scivola dalla carrozzina e quella non se ne accorge. Torna a casa senza. Mi si stringe il cuore a pensare a quello che deve aver patito questo bambino minuscolo, che si ritrova da solo in un parco di notte... ma è terrore puro! Il freddo, le ombre, il buio, i rumori, il senso di abbandono, di solitudine, di perdita di sé... Però siccome Peter è un ragazzino molto in gamba, non solo riesce a sopravvivere a quella notte di terrore, sopravvive *tout court*. Si adatta al nuovo ambiente, ragiona su quello che è successo, conclude che probabilmente non è stato dolo ma incidente, quindi si informa su dove si trovi casa sua, si fa insegnare la strada, anzi, un giorno ci arriva proprio, un giorno riesce ad arrivare proprio fin davanti a casa, però non entra perché trova la finestra chiusa. Ora, verrebbe da dirgli: "Prova con la porta di ingresso", no? Ci sarà un campanello, qualcuno che prima o poi esce a buttare l'immondizia. No. La finestra. Perché? Ma perché nel frattempo il piccino ha imparato a volare! Si è anche fatto fare il costumino apposta, un po' modello Robin Hood, di quella bella tonalità verde lega che credevamo esistesse solo nelle favole. E sai come ci tengono i maschietti a queste cose: "Mami, sto arrivando in volo da te, verso l'infinito e oltre! Mami, spalanca la finestra!". La mami non capisce, non si collega, non apre questa benedetta finestra, Peter Pan non è mai più tornato a casa. Mai più. La famiglia disperata, lo cercano dappertutto, niente da fare. Lui ha fatto perdere le sue tracce, non si è mai più fatto vivo, non ne ha più voluto sapere, non c'è stato verso. No window, no party. Mai più tornato. Un carattere infernale. Niente. Se n'è andato sull'Isola che non c'è e lì ha cominciato a fare proseliti tra gli altri bambini come lui, i bambini perduti, dicendogli robe terribili. Altro che rassicurante letteratura per fanciulli: Peter Pan, agli altri bambini abbandonati, dice delle cose tremende.

"Quando troverete le vostre madri, vi auguro che vi piacciano."

"Si viene a sapere tutto una volta raggiunti i due anni. I due anni sono l'inizio della fine."

È strano, no? Suona dolce e insieme inquietante, trovare vicine due età della vita che invece sappiamo bene quanto siano lontane come l'infanzia e la vecchiaia. Eppure questa contiguità nei bambini è fortissima. Per i bambini il più delle volte diventare grandi o invecchiare vuol dire la stessa cosa.

Ed è un tema con cui Alice si deve per forza confrontare, soprattutto nella fase acuta delle sue metamorfosi. Alice attraversa un periodo, anche piuttosto lungo, nel quale le basta assaggiare la parte sbagliata di un certo fungo per trovarsi sempre delle dimensioni sbagliate rispetto all'ambiente circostante. È sempre o troppo piccola o troppo grande. C'è un momento in particolare in cui è spaventosamente grande e grossa, gigantesca, enorme, al punto che rischia di far esplodere una casa, letteralmente. Se ne sta lì, con il gomito piantato in una finestra, il collo piegato dal tetto, però come al solito non si dà per vinta, e soprattutto parla, ragiona a voce alta. Si rende conto che se non potrà diventare più grande di così, come dimensioni, questo significa che non potrà neanche diventare più grande di così come età, e quindi non potrà invecchiare più di così. E questo comporta dei vantaggi innegabili, primo fra tutti il fatto che più nessuno la sfinirà chiedendole: che cosa vuoi fare da grande? Che a noi non fa nessun effetto particolare, ma per i bambini è un incubo. Sembra che sia una specie di complotto, è un continuo: "Che cosa vuoi fare da grande? Dillo a zio, che cosa vuoi fare da grande?". Evidentemente è il modo che l'adulto sente più a portata di mano per estrarre il bambino dall'infanzia, per avvicinarlo all'età adulta. Non vuole essere una critica, solo una considerazione: nella stragrande maggioranza gli adulti non conservano un vero ricordo della propria infanzia. A un certo punto se la dimenticano, però ne sentono parlare. E ne sentono parlare troppo, e sempre come di un'età meravigliosa, in cui loro erano perfetti e tutto era magnifico, e spesso diventa una faccenda fastidiosa, troppo idealizzata, mitizzata, sopravvalutata, inutile, superata. Insomma una zavorra, una perdita di tempo – un po' come la Costituzione, tanto per capirci. E così si accaniscono sul minore. "Che cosa vuoi fare da grande? Dimmi che cosa vuoi fare da grande." Ma gliene importa talmente poco che in realtà accettano per buone soltanto risposte che riguardino identità professionali certe: il dottore, l'avvocato, l'ingegnere, il calciatore, la maestra, la velina. Se il bambino o la bambina rispondono: "Be', non lo so, non ci ho proprio ancora pensato, però, io da grande vorrei essere felice e realizzato come persona, anche indipendentemente dal mestiere che mi capiterà di fare", ecco, allora lo segnalano allo psicologo scolastico.

E invece c'è, per nostra immeritata fortuna e anche se non ce ne rendiamo conto, c'è sempre un rapporto profondo, costante, vitale tra noi e la nostra infanzia. Tra noi e l'infanzia degli altri! Dai, quante volte ci è capitato di chiederci che bambini siano stati gli adulti che abbiamo incontrato già adulti, con i quali non abbiamo condiviso l'infanzia. Succede sempre quando conosciamo una persona nuova, che per diversi motivi ci incuriosisce e ci affascina. Allora è proprio naturale, inevitabile, domandarsi come sarà stato da bambino, da bambina. Quali saranno stati i suoi sogni, i suoi segreti, i suoi giochi preferiti, le sue paure: che cosa lo terrorizzava veramente, il buio? Il coccodrillo sotto il letto?

Per esempio, che bambino sarà stato Cesare Previti? È una domanda un po' forte, me ne rendo conto, e probabilmente non è quella giusta per iniziare, ci porta in un vicolo cieco, l'unica cosa che sappiamo con certezza è che quello che viveva costantemente nel terrore era il coccodrillo sotto il suo letto. Allora prendiamo, non lo so, Simona Ventura: da piccola era già così agitata? Che bambino sarà stato Giuliano Ferrara? E soprattutto che vita avrà fatto, alle elementari, il compagno di banco di Giuliano Ferrara? In cinque anni avrà aperto bocca una volta? E la Levi Montalcini? Com'era, da ragazzina, Rita Levi Montalcini? E soprattutto, come si comportava a scuola, Rita Levi Montalcini? Studiava sul serio e per bene tutte le materie, o faceva la furba e ci provava?

"Sì, professore, io posso anche capire questo suo interesse per la poesia del Pascoli, ma mi creda, è un argomento totalmente superato dalla ricerca scientifica."

L'unico che ci ha generosamente e spontaneamente aperto uno squarcio sulla propria infanzia è stato Fassino: un po' di tempo fa ha ritenuto indispensabile andare a incontrare la sua vecchia tata dalla De Filippi. Meno male, stavamo in pensiero.

Poi ogni tanto, anzi spesso, succede che qualcuno che hai conosciuto già da adulto ti faccia vedere una sua foto da bambino. In genere è una foto di classe, per cui comincia: "Quale sono? Eh, eh, dai, dai guarda bene, io quale sono, eh? eh? Mi riconosci o no? mi riconosci, eh?". Dipende: a volte sì e a volte no. C'è già qualcosa, però qualcosa manca. Manca il futuro. O forse, se guardi bene la foto, già riesci a intravederlo? No, non è vero, sei semplicemente condizionato da quello che sai di lei, o di lui, adesso.

Eh già, ma tutti gli altri, di quella foto? Tutti quei bambini che davvero finora non hai mai conosciuto, perché semplicemente non l'hai mai frequentata, quella quinta E o quella seconda B. Quei bambini lì, messi in posa per la foto di classe: quelli tutti perbene, ordinati, composti, in prima fila... Quello timido che tenta di nascondersi... Il solito spiritoso che fa le corna (...effettivamente quello lo ritroviamo sempre, è una curiosa fatalità). Insomma, quei bambini lì: se li incontrassimo, oggi, sapremmo ritrovare in loro adulti quello che c'era in quella foto da bambini? Quella impronta di infanzia recente insieme a quel progetto di futuro?

Non so, prendiamo una foto di classe di quest'anno, una quarta elementare di Milano, ma potrebbe essere qualunque classe di qualunque città. Un quartiere non particolarmente centrale ma neanche particolarmente Bronx: normale. Be', lì il futuro ti sembra di vederlo, quasi di leggerlo, come una sorta di didascalia: perché il futuro sta lì, sta in quei bambini lì fotografati insieme. Il futuro sta in Elena Galbusera, la Lombardia fatta cognome. In realtà la dizione corretta sarebbe "la Elena Galbüsera", con quel lieve Umlaut, per via delle radici celtiche. Sì, però la celtica Elena Galbüsera in realtà è seduta, anzi è stretta a panino tra Cong Gai Lu e Chon Gai Fu... Poi c'è Patrizia Carugati insieme a Michelle Fauchilon, Deborah Andreoli insieme a Hani Fayed... E poi c'è Lucas Maldonado che è finito seduto vicino al Pierino Rossi che un po' si vergogna di un nome così da pirla. Li vedi lì – vicini, insieme – e ti viene naturale pensare che il loro futuro, per forza di cose, dovrà essere un futuro condiviso. Non identico, per carità, non uguale, non lo stesso futuro, però un futuro condiviso, un futuro molto simile, perché loro, a vederli lì, sono molto simili, praticamente uguali, no? Bambini.

Una volta ho visto la foto di classe di un liceo di Buenos Aires, anno scolastico 1977/78 (da noi era giusto l'epoca di Radio Alice e dell'immaginazione al potere). Poco in posa, molto informali: qualcuno è seduto sui banchi. Tante ragazze, classe mista: capelli lunghi, gonne a pieghe... Facce spavalde, altre più timide, qualcuno con la divisa della scuola, altri no. Ma quello che colpisce, della foto, è che alcune di quelle facce sono state segnate da un cerchio perché, su quella classe di ventotto, tredici non sono diventati niente. Nessuno. Inghiottiti dal terrore. *Desapareci-dos*. E però non c'è un segno, maledizione, non c'è un solo indizio, in quella foto, che ti faccia capire che sarebbe toccato proprio a loro. Sono esattamente come tutti gli altri. Ragazzi.

Chi lo sa? Forse davvero Lewis Carroll diceva di amare soltanto le bambine, ma di sicuro sapeva raccontarla tutta, l'infanzia, maschi compresi. Si capisce da un sacco di cose. Per esempio, nel prologo di *Attraverso lo specchio* c'è una poesia, con un verso particolarmente struggente che dice: "Siamo vecchi fanciulli che han paura di dire / che ancora non vogliono andare a dormire". È questo che ha sempre Carroll: questa grazia impalpabile, sorprendente, con la quale riesce a raccontare l'infanzia come se lui stesso ne conservasse una memoria viva. Solo lui è capace di raccontare i bambini come sono veramente, vivi, veri, reali, senza alcuna retorica, con totale empatia ma anche con totale ironia. Solo lui ne sa descrivere con tanta partecipe esattezza i dettagli: il linguaggio, i giochi... Già, i giochi. Allora, nel primo capitolo di *Attraverso lo specchio*, Alice vuole convincere Kitty a fare un gioco nuovo. Kitty è una delle figlie di Dinah: Dinah è la gatta storica di Alice, e Kitty è una delle sue gattine, la più piccola ma anche la più tosta. E il gioco non è il gioco per eccellenza, quello che peraltro credo che tutti i bambini del mondo non si stancheranno mai di giocare: "Facciamo che eravamo qualcun altro, e possibilmente in pericolo", no, non è questo. Oggi si tratta di immaginare.

"Dai, Kitty, vieni con me, oggi facciamo un gioco nuovo. Oggi immaginiamo di entrare nella stanza dello specchio. No, perché hai paura? Ma, no, no che non fa male, lo specchio è fatto di brina, quando ci passi attraverso è morbido, non fa male... Dai, Kitty, vieni con me, gioca con me, immagina. Immagina come sarà bello attraversare lo specchio, immagina come sarà bello entrarci, finalmente, nella stanza dello specchio: la vediamo sempre, è come la nostra, soltanto tutta alla rovescia. Anche i libri sono gli stessi che abbiamo noi, soltanto scritti al contrario. Dai, Kitty, immagina come sarà bello attraversare lo specchio, immagina che faccia faranno tutti quando ci vedranno nella stanza dello specchio, allungheranno la mano per toccarci e invece no, non ci riusciranno perché noi avremo attraversato lo specchio... Dai, Kitty, non avere paura, vieni con me, gioca con me. Immagina. È facile, se ci provi."

Varcare una soglia, superare un confine, entrare in un'altra dimensione, attraversando lo specchio. Per Carroll lo specchio è un elemento importante, non è un semplice pretesto per accompagnare la sua Alice in qualche altro mondo e in qualche altra avventura. No, Carroll usa lo specchio consapevolmente perché ne conosce il potere evocativo, l'importanza mitica, quasi totemica nella storia dell'umanità. E a dargli ragione, parecchi decenni più tardi, sarà un grande psicoanalista contemporaneo, Jacques Lacan, che spiegherà addirittura la relazione che esiste tra lo specchio e l'infanzia. Secondo Lacan, tra i sei e i diciotto mesi il bambino attraversa proprio quella che lui stesso definisce "la fase dello specchio". Questo vuol dire che se tra i sei e i diciotto mesi noi mettiamo un bambino davanti a uno specchio – non ininterrottamente tra i sei e i diciotto mesi, eh? –, no: se tra i sei e i diciotto mesi, ogni tanto, con ragionevolezza, con criterio, mettiamo un bambino davanti a uno specchio, lo aiutiamo nientepopodimenoche a formare la propria identità. Perché, cosa succede? Succede che all'inizio il bambino è convinto che quello che ha davanti sia una cosa, esattamente come il resto del mondo che lo circonda.

"Guarda quello lì: ma cosa sei, scemo? Fai tutto quello che faccio io? Allora sei bello scemo. Sei anche tutto sporco di pappa, che schifo. Scemo. Adesso mi sa che ti frego il ciuccio. Scemo."

Ma dopo un po' si rende conto che non è proprio così, che quello che ha davanti non è esattamente una cosa: è la rappresentazione di una cosa, e cioè un'immagine. C'è da non crederci, eh?, che prima di compiere un anno e mezzo i bambini siano già in grado di capire che non esistono soltanto le cose ma anche le loro rappresentazioni. È un passaggio evolutivo fondamentale, un vero e proprio salto epocale, che noi adulti possiamo ulteriormente rinforzare se continuiamo a lasciare il bambino davanti allo specchio, ma non da solo. Magari lo mettiamo accanto al papà che si sta facendo la barba in bagno, perché così il bambino arriva a distinguere le immagini che ha davanti.

"Quello lì, molto carino, ottima tutina – nasconde alla perfezione l'odiato pannolino –, quello lì, molto carino, sono io. E quello lì, molto meno carino, con i cerotti sulla faccia, è il papà. Il *mio* papà. Adesso mi sa che è meglio che lo porto un po' ai giardinetti."

È che i bambini sotto i diciotto mesi sono fantastici, sono dei geni da fermi. Sono pieni di energia, intuizioni, stimoli, scoperte. Alice infatti ne incontra uno, uno soltanto: è il figlio neonato della duchessa. Alice lo prende in braccio e prova a cullarlo, ma il tutto dura poco perché il neonato si trasforma in un maiale. Piccolo, ma innegabilmente porco. E sì, prima era un neonato maschio, ma io non mi invento niente, è Carroll che la pensa così. In realtà è tutto totalmente assurdo. In casa della duchessa, per motivi che ci sfuggono, presumibilmente di carattere sindacale, la cuoca sta versando vagonate di pepe nella minestra, ma proprio vagonate, letteralmente... L'aria ne è talmente satura che tutti i presenti sono costretti a starnutire, ma quello che ne paga le conseguenze più gravi è il bambino, il neonato della duchessa, che è cianotico, non riesce a smettere di starnutire, anzi, non riesce quasi più a respirare, è stravolto, con gli occhi che lacrimano.

E sua madre, la duchessa, non smette un istante non di cullarlo, ma di strapazzarlo violentemente al ritmo di una ninna nanna ispirata da Erode, il cui testo recita:

> Trattalo male il tuo bambino
> e se starnuta dagliele sode.
> Lo fa soltanto, il birichino,
> perché di dar fastidio gode.

Che farà anche ridere, però un brividino nella schiena te lo mette... D'altra parte, questo lo spiega magistralmente proprio Lewis Carroll: "Ridere – il riso – è una specie di terra di nessuno a metà tra la fede e la disperazione".

E allora questa che cos'è? Fede o disperazione? Che cos'è, che cosa vuol dire questa perfida filastrocca? È semplicemente la presa in giro di qualche melensa ninna nanna dell'epoca, o invece è un'altra cosa? Forse è il modo che ha trovato Carroll – il suo modo: stralunato, paradossale, grottesco – per raccontarci l'infanzia dei suoi tempi. Un po' lo sappiamo, un po' abbiamo letto Dickens: sappiamo come ai tempi di Carroll l'infanzia fosse un mondo a parte, un terribile mondo a parte. Come i bambini fossero, se andava bene, ignorati, ma il più delle volte denutriti, maltrattati, sfruttati, violati in ogni possibile accezione. Ma forse, qualunque sia l'interpretazione corretta, non è più così importante stabilirlo adesso, perché di fatto oggi questo problema non esiste più. Nel nostro mondo, almeno, l'atteggiamento nei confronti dei bambini si è completamente capovolto. Nel nostro mondo, oggi, i bambini sono accolti, voluti, accuditi, amati, ma soprattutto tutelati, ecco. Tutelati sempre e sotto ogni aspetto, tutelati in ogni istante, da subito, da appena nati, da prima di nascere, anzi, da molto prima di nascere. Come piacciono ultimamente gli embrioni nel nostro paese! Intendiamoci, va benissimo, è un atteggiamento encomiabile, soprattutto in una società come la nostra che sa difendere, tutelare, proteggere, amare i propri bambini sotto ogni aspetto e in ogni istante, ma perché non cominciare già da lì:

> Siamo pazzi per gli embrioni
> che son belli, bravi e buoni.
> Molto meglio degli infanti
> che son molto più ingombranti.

Sì, perché poi, se uno va a vedere i dati, scopre che oggi, in Italia, ci sono almeno cinquecentomila bambini tra i sette e i quattordici anni costretti a lavorare, e che in Europa, ogni anno, centomila bambini muoiono a causa dello smog e dell'inquinamento, e che sempre in Europa il venti per cento dei minori soffre di disturbi psichici fin dall'infanzia. Chissà, magari è per questo che in certi paesi dell'Est gli orfani li parcheggiano nei manicomi.

Trattalo male il tuo bambino
e soprattutto non te ne occupare...

Nel mondo ci sono due miliardi di bambini – un miliardo vive in povertà, fa uno su due. Seicentoquaranta milioni non vivono in un alloggio adeguato, e fa uno su tre. Ogni anno, nel mondo, un milione e quattrocentomila bambini muoiono per carenze igieniche e mancanza di acqua potabile. Ogni anno, più di un milione muore di morbillo. Nel mondo, ogni sei secondi un bambino muore di fame, che fa diciottomila al giorno, che fa sei milioni e cinquecentosettantamila l'anno. Senza contare le catastrofi naturali, quelle imprevedibili: gli tsunami, i terremoti, nei quali rimangono coinvolti centinaia di migliaia di bambini. Basterebbe destinare il cinque per cento – *il cinque per cento* – di quello che si spende ogni anno, globalmente, nel mondo, per le armi, per risolvere il problema della fame e dell'igiene. E i conti sono sicura che li sapete fare da soli.

Trattalo male il tuo bambino,
vale assai meno di un fucile...

Ogni anno, nel mondo, un milione di bambini viene avviato alla prostituzione, per un giro di affari

complessivo che supera il miliardo di dollari l'anno.
Nel mondo, si stima che siano centosettanta milioni i
bambini costretti non soltanto a lavorare, ma a farlo
in condizioni disperate, a rischio della salute, a rischio della vita – magari comprati per quattordici
dollari.

Trattalo male il tuo bambino,
se è tuo schiavo lo puoi far fruttare...

Nel mondo, undici milioni di bambini hanno perso uno o entrambi i genitori a causa dell'AIDS. Nel
mondo, tre milioni di bambini sono sieropositivi: ne
muore circa mezzo milione l'anno, però è una cifra
che cresce costantemente. Negli ultimi dieci anni, la
guerra ha ucciso due milioni di bambini. A causa
della guerra, nei prossimi anni, quaranta milioni di
bambini resteranno orfani. In cinquantacinque paesi
del mondo – non in tre o quattro, in cinquantacinque
paesi del mondo – ci sono i bambini soldato: arruola-
ti a decine di migliaia, drogati, costretti a uccidere o
a essere uccisi, a mutilare o a essere mutilati.

Trattalo male il tuo bambino,
tanto è spacciato, che ci vuoi fare...

Nel mondo i bambini sono una merce preziosa, ci
si può fare un sacco di cose, e i trafficanti di esseri
umani lo sanno benissimo. Li puoi far lavorare diciotto ore al giorno per pochi centesimi, li puoi buttare su un marciapiede, li puoi vendere a pezzetti. Li
puoi costringere a borseggiare, rapinare, prostituirsi,
spacciare, sparare. Oppure li puoi cedere, ancora
neonati, per un fascio di banconote, a una mamma e
un papà nuovi di zecca. Oggi, in Italia, il costo di un

neonato maschio si aggira intorno ai diecimila euro
– le bambine come al solito valgono molto meno, circa la metà.

Trattalo male il tuo bambino...

"Quando troverete le vostre madri, vi auguro che
vi piacciano."
"Si viene a sapere tutto, una volta raggiunti i due
anni. I due anni sono l'inizio della fine."

Temo sia vera una notizia, arrivata da Beslan nei
giorni successivi alla carneficina. Riguarda un bambino che non vuole più aprire gli occhi. Lo chiamano
Robert, ha sei anni. Nella scuola è morta sua madre.
L'ha salvato lei, lo ha calato da una finestra durante
la sparatoria, lui è rimasto lì al riparo finché qualcuno l'ha trovato e l'ha portato in salvo. Adesso si rifiuta di aprire gli occhi. Non vuole più vedere questo
mondo. O forse – sai come ragionano i bambini –
non vuole che questo mondo veda lui. O forse è un'altra cosa ancora. È come se da Beslan fossero arrivate
delle notizie, che noi adulti possiamo soltanto immaginare, riservate ai bambini di tutto il mondo. Come
se sotto quelle immagini corresse la scritta "per soli
bambini". E la notizia riservata diceva che si seque-
strano, e si ammazzano, i bambini, e anche le loro
mamme, e le maestre. Succede a scuola, il primo
giorno. Adesso lo sapete quando andate a scuola,
quando la mamma vi accompagna perché è il primo
giorno. I bambini devono avere un loro modo per
scambiarsi e commentare le notizie del mondo, perché in casa sembra che non ascoltino mai nulla. Magari radio e televisore sono accesi, ma loro niente,
non reagiscono, non alzano neanche lo sguardo, con-

tinuano a giocare sul tappeto, non tradiscono in alcun modo paura, interesse, orrore, niente. Ne parleranno dopo, tra di loro, al sicuro. Si intenderanno a sguardi. "Il televisore dice dei bambini rastrellati per rubargli il cuore, o un rene, dice dei bambini usati per il sesso" – non capiscono proprio bene cosa voglia dire, quindi lo capiscono anche troppo bene. I bambini sentono che è stato rapito un bambino, una bambina: ne sono emozionati, spaventati, un po' invidiosi. I bambini, di solito, chiedono perché. Quando hanno saputo di Beslan, moltissimi bambini non hanno chiesto perché. "Tanto lo sappiamo, il perché. Meglio non fidarsi. Gli adulti fanno così, inseguono i bambini, li catturano, li spogliano, gli fanno bere la loro pipì, e poi alla fine li uccidono. Uccidono anche le mamme, anche le maestre. Lo sappiamo già il perché. Meglio non fidarsi." Poi hanno anche sentito quella madre di Beslan raccontare di aver dovuto scegliere quale dei suoi due figli salvare. L'altro, quello non scelto, sarebbe morto. Poi, per fortuna, alla fine si sono salvati tutti e due. Adesso i bambini che hanno un fratello o una sorella vorrebbero tanto saperlo, chi avrebbe scelto la mamma. E vorrebbero anche chiederglielo, però non trovano il coraggio. E così va a finire che guardano con ansia e con sospetto anche il loro fratello e la loro sorella.

Uno dei bambini di Beslan aveva la maglietta della Lazio. Un altro quella del Milan.

La televisione ha detto che negli ultimi dieci anni sono stati uccisi quarantamila bambini ceceni. Poi ha anche fatto vedere uno dei sequestratori, vivo, catturato: "No, io non ho sparato, ho anch'io dei figli, provavo pena". E un'altra mamma, che ha parlato per ore a sua figlia e agli altri bambini: "Dicevo: non piangete più, bambini, chiudete gli occhi, così non vedrete più gli uomini cattivi".

Da qualche parte nel mondo, un bambino sente alla televisione la storia di Robert, e decide di fare come lui. Chiude gli occhi, e li tiene chiusi, a lungo. Non è mica facile, provate. Aspetta che qualcuno se ne accorga. Decide che altrimenti non li riaprirà mai più. Gira per la casa sbattendo contro i mobili, le porte, finché sua madre gli dice: "Ma cosa fai, scemo?". Allora apre gli occhi, e ride.

A sette anni e sei mesi, Federico Nessuno perde gli occhi e la voce. Sette anni e sei mesi più tardi, quando ne ha quindici, lo liberano. Per un soffio non ha perso anche la vita, ma non gli è stata risparmiata nessuna tortura, letteralmente. Però ha un progetto, e decide di cominciare subito a metterlo in atto: vuole ritrovare i suoi persecutori, riconoscerli attraverso il suono delle loro voci, delle loro parole. Ha memoria, Federico, e soprattutto ha tempo. Sa molto bene che cosa vuol fare da grande.

"C'era una volta una coincidenza che passeggiava in compagnia di un piccolo incidente, e si imbatterono in una spiegazione. Ma era una vecchia spiegazione, una vecchissima spiegazione, talmente vecchia che era piegata in due, e così assomigliava di più a un enigma."

Se per provare a seguire Alice in tutti i suoi viaggi, incontri, spostamenti, avventure, prendiamo alla lettera l'indicazione dell'autore e lasciamo da parte il tempo, eh be', poi finisce che ci si perde. Perché la cronologia e la logica sono indispensabili, quando si prova a raccontare una storia. Io non sto seguendo una logica né una cronologia, e quindi non riesco a raccontarvi una storia comprensibile. Passo continuamente da episodi del *Paese delle meraviglie* ad altri di *Attraverso lo specchio*, non vi sto aiutando a seguirmi, anche perché non sto citando i personaggi più famosi, magari quelli del film di Walt Disney, che so: il cappellaio matto, la lepre marzolina, Tweedledee e Tweedledum, il bruco che si fuma l'oppio, i fiori che cantano e ballano, la regina di cuori, quella tremenda isterica che grida in continuazione: "Tagliatele la testa!" e le carte da gioco che pitturano le rose... Però non vi ho detto neanche un'altra cosa che invece è indispensabile sapere: Alice non incontra mai dei veri esseri umani. Mai. Nel paese delle meraviglie sono le carte da gioco a svolgere questa funzione, così come nel mondo dello specchio ci sono le figure degli scacchi: ma veri esseri umani non ne incontra mai. Eppure non si può dire che ne senta la mancanza. Forse perché il reverendo Lewis Carroll, giovane diacono bizzarro e stravagante, capace però di decifrare l'infanzia come nessun altro, le fa incontrare una quantità sterminata di animali. E i bambini adorano gli animali. Ce ne sono davvero tanti, non riesco mai a ricordarmeli tutti. Proviamoci. Il primo, si sa, è il coniglio bianco. Poi c'erano quelli del lago di lacrime che erano topo, pappagallo, aquilotto, anatra e dodo. Poi ostriche, merluzzi, aragoste, il tricheco e il carpentiere – il carpentiere non è esattamente un animale, però è un artigiano, quindi è in via di estinzione, no?, e allora ci sta bene anche lui. Poi ci sono cavalli, un sacco di rane, il ghiozzo, la gazza, il gatto!, il celeberrimo stregatto, dal sorriso persistente e inquietante. E poi quelli un po' mitologici: il leone, l'unicorno, il grifone, il ciarlestrone, famosissimo. E ancora il corvo, il cerbiatto, il cucciolo di cane, la finta tartaruga, le api elefante, una capra inquietante, un fenicottero duttile, la mosca cavallina – ovviamente a dondolo – , la farfal-

la pane e burro, e poi ci sarebbe anche una zanzara
che però è sicuramente fuori zona perché si sa: le zanzare a Zanzibar vanno a zonzo pei bazar.

Le zanzare a Zanzibar
vanno a zonzo pei bazar,
e le mosche fosche e losche
fra le frasche stanno fresche.
Arsi gli orsi dai rimorsi
bevon l'acqua a sorsi a sorsi.
Mentre i ghiri ghirigori
fanno a gara nelle gore,
ai canguri fan gli auguri
con le angurie le cangure.
Ecco il merlo con lo smerlo,
il merluzzo col merletto,
la testuggine ed il muggine
ricoperti di lanuggine,
di fuliggine e di ruggine.
Tutti i cervi ci hanno i nervi
e stan curvi e torvi i corvi,
la cornacchia s'impennacchia
e sonnecchia nella nicchia,
la ranocchia ama la nocchia
e sgranocchia la pannocchia,
i cavalli fan cavilli
ed il ghiozzo ci ha il singhiozzo
e la carpa è senza scarpa
e si fa la barba il barbo,
ed i bachi sui sambuchi
fanno buchi con i ciuchi.
Lunghe brache ci hanno i bruchi,
e le oche fioche e poche
alle foche fan da cuoche.
La murena sulla rena

con la rana fa buriana,
ed a galla resta il gallo,
duole il callo allo sciacallo
che barcolla e caracolla.
La mangusta si disgusta,
i macachi mangian cachi,
lo stambecco non ha il becco,
la giraffa arruffa e arraffa,
poiché vien di riffa in raffa.
Eleganti gli elefanti
con gli infanti stan da fanti,
la beccaccia si procaccia
la focaccia con la caccia,
la civetta svetta in vetta
e l'assiuolo, solo solo
fa un assolo nel chiassuolo.
Per ripicca picchia il picchio,
la tellina sta in collina,
la gallina si spollina,
sta in Calabria il calabrone
come a Fano sta il tafano,
le zanzare a Zanzibar
vanno a zonzo pei bazar.

Siamo nel mondo di Alice e, secondo i più accorti studiosi ed esegeti, il mondo di Alice è principalmente un mondo di metafore. La stessa Alice può essere considerata una metafora: una grande, continua, super, iper, meta metafora. Soprattutto la metafora della possibilità di guardare, e cambiare, radicalmente il mondo, di inventare mondi alla rovescia, di progettare un altro modo di vivere la vita. In questo senso Alice ha incarnato, e continua a incarnare, i sogni e i miti di intere generazioni: perché in lei c'è proprio tutto quello che serve per immaginare un altro mondo possibile.

Il viaggio sempre e solo come percorso in sé e mai, Dio non voglia, come meta da raggiungere... L'insofferenza per qualunque forma di convenzione e costrizione sociale... L'assurdo e il paradosso eletti a filosofia di vita e misura del mondo... La certezza di potersi giocare tutti i ruoli e tutte le vite possibili contemporaneamente... E soprattutto la convinzione assoluta di avere stretto un patto di ferro con il tempo – di poterlo governare a piacimento, farlo scorrere al contrario oppure dilatarlo all'infinito, ma sempre tutto insieme, tutto in una volta, senza vincoli o limiti, in assoluta libertà, senza la gabbia della cronologia, e ogni cosa a suo tempo, e un passo dopo l'altro, e una cosa alla volta, e ogni stagione ha i suoi frutti... Non è vero!

"Time is always now."

"Time is on my side."

"We have all the time in the world."

Alice non riuscì mai a capire, ripensandoci in seguito, come avessero cominciato a correre. Ricordava soltanto che correvano tenendosi per mano, e la regina continuava a gridarle: "Più svelta, Alice, più svelta". Ma Alice sentiva di non poter correre più di così, e le mancava perfino il fiato per dirlo. L'aspetto più curioso della faccenda era che gli alberi e le altre cose intorno non si spostavano minimamente. Per quanto corressero, era come se non superassero mai nulla.

"Mi domando se non sarà che ogni cosa si sposta con noi," si chiedeva la povera Alice assai perplessa.

"Più svelta, non tentare di parlare." Non che Alice ne avesse la minima intenzione, anzi, credeva che non sarebbe riuscita a parlare mai più, tanto la corsa le toglieva il respiro, eppure la regina continuava a gridarle:

"Più svelta, Alice, più svelta!", e a trascinarsela dietro.

"Ci siamo?" riuscì ad ansimare Alice.

"Quasi, l'abbiamo superato dieci minuti fa. Più svelta, Alice, più svelta!" E corsero per un po' in silenzio, con il vento che fischiava nelle orecchie di Alice, quasi strappandole i capelli dalla testa.

"Ecco, ci siamo quasi, più svelta, più svelta!" E corsero così tanto che alla fine sembrò quasi che si levassero in volo, con i piedi che non toccavano più il terreno, finché a un tratto, all'improvviso, quando Alice era ormai del tutto esausta, si arrestarono di colpo, e Alice si ritrovò a terra, senza fiato, con la testa che le girava.

"Non ci credo, non è possibile... Non ci siamo spostate di un passo! Siamo rimaste tutto il tempo sotto lo stesso albero, siamo esattamente dove eravamo prima!"

"E perché, dove dovremmo essere?"

"Be', non lo so, al mio paese si arriva da qualche altra parte, quando si corre così tanto come abbiamo corso noi due."

"Che paese lento! Qui devi correre più che puoi se vuoi restare sempre nello stesso posto. Se vuoi arrivare da qualche altra parte devi correre molto di più, almeno il doppio."

Eccoci qui. Bene arrivati. Chissà, probabilmente non ce ne siamo neppure accorti, però evidentemente anche noi abbiamo attraversato lo specchio, e siamo finiti in un mondo alla rovescia. Perché anche qui bisogna correre sempre di più per restare sempre nello stesso posto. E i soldi di prima non bastano più per fare tutte le cose che prima con quei soldi si potevano fare – ce ne vogliono di più, sempre di più, molti di più... Ma non per fare altre cose, non per andare in posti nuovi, no, soltanto per restare qui, fermi, per non perdere tutto quello che avevamo, per non essere trascinati via.

E anche il tempo non è più quello di prima, non basta mai: ce ne vuole di più, sempre di più, molto, molto di più.

"Guarda che non è così, non sono io che non ne voglio parlare, e poi mi mette a disagio se... Davvero ti interessa? Davvero vuoi che... No, figurati, per me è un sollievo, davvero vuoi sapere qual è il mio problema? Il mio problema, il mio problema è che io non ho mai un minuto per me. No, per favore, se mi dici che è una frase fatta mi offendi, per me è letteralmente vero, io non ho mai un minuto per me, certo che te lo spiego. Vedi, se io sgarro sulla mia tabella di marcia, se l'autobus tarda cinque minuti, se trovo la coda al discount, mi si sballa tutta la giornata e non recupero più, no, non riesco più a recuperare, perché poi sai cosa succede? Succede che arrivo tardi a prendere Margherita a scuola, così magari intanto lei si è messa d'accordo con qualche sua compagna per andare a giocare a casa sua e io a quel punto la strozzerei, no, no, guarda, te lo giuro, la strozzerei con le mie mani, perché vuol dire non soltanto che sono arrivata fin lì con il fiatone per niente, ma che devo tornare a casa e poi uscire di nuovo per andarla a prendere dalla sua amica. Non posso. È chiaro che, se potessi, lo farei, ma non posso restare fuori già che ci sono, non posso, devo comunque rientrare perché intanto mi torna anche Michele dagli allenamenti, poi sai, lui deve sempre cenare un po' prima di noi perché dopo esce di nuovo presto per il corso di chitarra, e così io tante volte arrivo alla sera che proprio non ho la forza di andare a dormire, ma non è stanchezza, magari fosse la benedetta stanchezza, no, è un'altra cosa. È che mi viene una specie di senso di oppressione perché comincio a pensare che domani devo ricominciare a fare le stesse cose, ma non è farle che mi pesa, no, è proprio doverci pensare, capisci? Io non pretendo di avere del tempo per *fare* delle altre cose, io vorrei ogni tanto avere almeno un minuto per poter *pensare* a qualcos'altro che non siano sempre e solo le cose che devo fare, perché è questo che mi ruba il fiato, è questo che mi mangia la vita, non avere mai nemmeno un minuto per pensare a qualcosa che non siano sempre e solo le cose che devo fare."

"Avresti dovuto vedere il tempo che c'era ai miei tempi."

Insomma, è successo. Probabilmente non ce ne siamo accorti, ma evidentemente abbiamo attraversato lo specchio e siamo finiti in un mondo alla rovescia, e in un mondo alla rovescia tutto va al contrario, tutto si confonde: prima e dopo, passato e futuro, memoria e desiderio, ragione e sentimento, torto e ragione, salute e malattia, normalità e follia, destra e sinistra... Oddio, questo succedeva anche di là. Nel mondo alla rovescia tutto funziona al contrario. Le persone non fanno quello che dicono, le regole si contraddicono.

La regina spiega ad Alice che l'alfiere del re è in prigione a scontare la sua pena, che quindi il processo non comincerà prima del venerdì successivo, e che presumibilmente il reato lo commetterà dopo. E tutti noi, insieme ad Alice, ci troviamo a formulare una domanda, ma una domanda talmente pacata e rispettosa che ci piace illuderci sarebbe tollerata perfino dal ministro di Grazia e Giustizia. E la domanda, pacata ma inevitabile, è la seguente: "E se poi non lo commette il reato? Anche perché è in galera! Cosa fa? Ci resta?".

Che buffo. Questa storia assomiglia moltissimo alla trama di un film che è uscito un po' di tempo fa, *Minority Report*: stessa storia. E allora è proprio vero che i classici sono nostri contemporanei: Carroll, come Shakespeare, ha già scritto tutto, già previsto e progettato tutti gli incroci, gli incastri e le trame possibili. Centocinquant'anni fa ha scritto la storia dell'alfiere del re, che centocinquant'anni dopo ha ispirato prima un romanzo di fantascienza di Philip Dick e poi un film di fantascienza di Spielberg, *Minority Report*, appunto. Ma la storia è sempre quella dell'alfiere del re. Perché, che cosa succede in *Minority Report*? Che la polizia, grazie all'aiuto di certi mutanti che sono in grado di prevedere il futuro, arriva ad arrestare i potenziali criminali *prima* che commettano i reati. E questo pone qualche problemino, anche metafisico. È giusto arrestare persone che sappiamo potrebbero commettere dei crimini, magari anche gravi, ma che di fatto ne vengono impedite e quindi sono, tecnicamente, innocenti? Se la prevenzione arriva a evitare che si commettano i reati, a che titolo poi queste persone vengono arrestate e soprattutto tenute in carcere? E queste persone, tenute in carcere ingiustamente, non faranno casino? Non si ribelleranno? Certo, probabilmente, presumibilmente, magari, un giorno o l'altro. O magari no. Perché intanto sono in carcere. Ed entrare in carcere è come attraversare un altro specchio. Il carcere, in un certo senso, è un altro mondo alla rovescia. In carcere a volte vigono regolamenti che sembrano concepiti dal cappellaio matto, e applicati per motivi che tutti ci siamo dimenticati perché ce li hanno comunicati la settimana prossima. Il tempo del carcere assomiglia al tempo di Alice: fine pena, mai. E poi chi sta in carcere si vergogna – il che non riguarda le malefatte più o meno commesse, no, riguarda proprio la galera. Si vergognano di stare in galera. E così non ne parlano, cercano di non farlo sapere fuori. Il carcere diventa un luogo sempre più altro, lontano, misterioso, inconoscibile, indecifrabile, irraggiungibile. Dietro lo specchio per definizione, ma privo di specchi per regolamento. In carcere non esistono specchi. Per carità, è una più che comprensibile misura preventiva: gli specchi tagliano. Però, in questa maniera, chi sta in carcere perde l'immagine di sé. Non ha più modo di sapere come sia, come sia cambiata la propria faccia. Se la figura sempre uguale, la stessa che aveva il giorno che è entrato lì dentro. Una faccia senza tempo fissata in un tempo senza tempo. Eh sì, è proprio un mondo strano, un mondo alla rovescia, il carcere. Certo non adatto ai sogni e men che meno alle favole: non c'è mai silenzio, non c'è mai buio. La luce è costante, piatta. Non esistono ombre, in carcere, il corpo non lascia traccia di sé. Niente specchi e niente ombre: non è certo un posto adatto a Peter Pan o ad Alice. E però in carcere ci sono i bambini. E questo chi l'ha deciso? La regina di cuori? "I bambini fino ai tre anni di età devono restare in carcere insieme alla madre." E così ogni tanto, in un cortile di cemento, compare un'altalena. Poi, il giorno che compiono tre anni, li portano via. E nemmeno Humpty Dumpty ci crederebbe che i bambini riescano a capire perché. Trascinati via, a scontare per la vita il dolore, e la colpa, di non essersi meritati le loro madri.

Si viene a sapere tutto, una volta raggiunti i due anni.

Ogni volta che si entra in un mondo alla rovescia ci si perde. Anche noi, che siamo finiti in un mondo alla rovescia, facciamo una tale fatica a trovare il passo. Per esempio, la questione del tempo e delle regole. Le regole che cambiano con il tempo. Questo dovrebbe essere intuitivo, quasi banale, scontato e ovvio. È evidente: quello che valeva una volta oggi non vale più, quello che una volta era il comune senso del pudore oggi non lo è più. Quello che una volta era reato oggi non lo è più. Quindi l'adulterio, benissimo, ma allora anche il falso in bilancio? Se resistono le regole, qualcuno cambia il tempo. E così le regole non valgono più perché scadono, si prescrivono.

Eh sì, inevitabilmente ci si perde, quando si finisce in un mondo alla rovescia. E quando ci si perde ogni tanto si ha paura. Forse questo dovremmo imparare da Alice: a non avere paura. Alice non ha mai paura di niente. È una ragazzina formidabile, coraggio e curiosità la portano dappertutto. Niente la ferma, niente la inquieta, niente la sgomenta. Alice va avanti, va avanti sempre, va avanti comunque, perché non rinuncerebbe mai a vedere lei, con i suoi occhi, quello che c'è dopo. È una sfida irresistibile. Che cosa ci sarà dopo il ruscello, dopo la casa, dopo il bosco, dopo quest'altra avventura? Alice va avanti a vedere, va avanti sempre, va avanti comunque, "perché io indietro non ci voglio andare".

Non faremo un passo indietro nemmeno per prendere la rincorsa.

E così Alice non si ferma neppure sul limitare di un bosco, e questo sì dovrebbe farle un po' paura. Gliel'hanno spiegato, l'hanno anche avvertita.

"Alice, non entrare lì dentro, mai. Perché vedi, quello è il bosco delle cose senza nome. Vuol dire che chi entra in quel bosco, perde i nomi, perde tutti i nomi, si dimentica..."

"Cosa vuol dire perdere i nomi? Se io entro in quel bosco quali nomi perdo? Il mio nome? Ma per favore! Ma come potrei perdere il mio nome? È il mio nome, da sempre. Mi somiglia, mi piace, non credo che me ne piacerebbe un altro, poi chissà a chi finirebbero per dare il mio nome... Certo che questo potrebbe essere curioso. Girare per tutto il bosco, e chiamare con il mio nome tutto quello che incontro finché qualcuno o qualcosa non mi risponde. Alice, Alice, Alice! Dai, questa è suggestione. Per favore. Ma dai! Là mi ricordavo tutto. Sono andata da là a qua, e cosa è successo da là a qua? Che cosa ho perso? Io questo posto me lo ricordo. Me lo ricordo per forza. Cos'è questo? Questo... lo so che cos'è, questo è... Questo è..."

Mi sono svegliata e il tempo non era bello.
La pioggia mi è entrata in testa e mi ha allagato
il cervello.
E stando a letto, tutto quel che sento
è lo sciacquio della pioggia che ho dentro.
Cammino con prudenza, mi devo riguardare.
Non faccio capriole, perché posso straripare.
Perciò, scusate tutte le idiozie che ho detto.
Non sono più la stessa, da quando ho l'acqua
nell'intelletto.

Alice non incontra mai degli altri esseri umani, d'accordo. Però forse, dopo tutto, un'eccezione c'è, o almeno a noi piace pensarla come un'eccezione, anche se in realtà lo sappiamo che è un'altra figura degli scacchi. È il cavaliere bianco, nel quale Alice si imbatte proprio verso la fine del suo viaggio attraverso lo specchio, quindi verso la fine delle sue avventure. Il cavaliere bianco è quanto di più umano si possa immaginare. Se non altro sono molto umane le sue contraddizioni: è ardito, fiero, pieno di nobili progetti, e però è anche un po' goffo, pasticcione, inadatto alla vita. Per esempio: è un cavaliere, lo è a tutti gli effetti, ha perfino l'armatura e il destriero, però non sa stare a cavallo. Più che altro casca in continuazione dalla sella, anche perché, essendo un noto inventore, gira appesantito da queste enormi bisacce dalle quali estrae le invenzioni che mostra a tutti. Quella di cui va più fiero è il bastone per far ricrescere i capelli. Ora, mi rendo conto che l'accoppiata cavaliere-ricrescita capelli possa suscitare una certa ilarità, però basta, non se ne può più. Non possiamo permettere a una men che mediocre e soprattutto transitoria figura contemporanea di sovrapporsi a quanto di più bello e poetico la letteratura e l'arte ci hanno lasciato. È un problema nostro. Elidiamolo dalla nostra vita. Facciamo del training, creiamoci degli anticorpi, nominiamolo finché non ci fa più effetto. Se io dico cavaliere bianco, ci viene in mente solo il personaggio di Carroll. Ok? Possiamo farcela.

E comunque, il bastone per far ricrescere i capelli merita una menzione perché è una tecnica molto meno invasiva e soprattutto ha esiti molto meno ridicoli di quelle contemporanee. E infati che cos'ha scoperto il geniale cavaliere bianco? Che i capelli cadono perché vanno in giù. L'unica cosa da fare è convincerli ad arrampicarsi in su, lungo il bastone. È un'idea meravigliosa, come è meraviglioso lui, inventore ma anche poeta e musicista. Infatti ha composto cose memorabili come la *Canzone contro la tristezza*: strofe su strofe di depressione pura. La canta tutta, ad Alice.

Un'esperienza borderline. Però Alice lo ascolta fino in fondo. E non lo fa soltanto perché è una ragazzina bene educata, lo ascolta perché percepisce nel cavaliere bianco qualcosa che i bambini sanno riconoscere subito negli adulti: quel gran desiderio di rendersi utile, di accudirla, di esserle guida e scorta, e insieme l'incapacità di farlo. Alice, come tutti i bambini, se ne rende perfettamente conto, e decide di proteggerlo: lo ascolta fino in fondo, e soprattutto lo guarda, ma lo guarda davvero, lo guarda fino a che non scompare dalla sua vista, lo guarda andare via con il suo cavallo, sulle ultime note della canzone. E in questo sguardo ci sono un sacco di cose: c'è tenerezza, affetto, certo, ma c'è anche la consapevolezza che il sogno sta per finire, che la realtà sta per ritornare, e che, soprattutto, il tempo sta per ricominciare a scorrere nell'unica direzione che ci è concessa. Tutto questo sta nel lungo sguardo con cui Alice accompagna il cavaliere bianco, quasi a non volerselo scordare più, a imprimersi per sempre nella memoria proprio quella figura lì, quell'anima nobile e solitaria, quel don Chisciotte stralunato, o forse quel giovane diacono bizzarro, stravagante, così colto, così erudito, e così bravo a inventare meravigliose storie per i bambini...

"Di tutte le strane cose che Alice vide durante il suo viaggio, questa fu quella che ricordò sempre con più chiarezza. Anni dopo, poteva ancora far rivivere tutta la scena come se fosse accaduta soltanto il giorno prima: i miti occhi azzurri e il sorriso gentile del cavaliere. Il sole del tramonto che gli luceva tra i capelli, e lo scintillio abbacinante dell'armatura. Il cavallo che camminava piano, qua e là, con le redini lente sul collo, brucando l'erba ai suoi piedi. E dietro, le ombre nere della foresta. Tutto questo si compose come un quadro davanti agli occhi di Alice, che si appoggiò contro un albero, facendosi schermo con la mano, e stette a guardare la strana coppia, ascoltando come in un dormiveglia la malinconica musica della canzone."

Federico Nessuno non poté testimoniare al processo di Norimberga, perché la sua lingua era ancora paralizzata. Ma poiché la vita, anche la più sofferta, non è priva di magia, accadde che, grazie all'amore e alla tenacia di un'infermiera americana, riuscisse finalmente a ritrovare la parola, e la usasse proprio per reclamare giustizia. Nel 1967, in un bar di Heidelberg, riconobbe la voce di uno dei suoi torturatori. E non si fermò lì, anzi andò avanti per un bel po'. Nel 1986 ancora girava per la Germania cercando la voce dei colpevoli.

Forse, ogni tanto, bisognerebbe proprio che qualcuno dei bambini che conosciamo – qualche maschietto bello sveglio di sette anni e sei mesi, qualche bambina curiosa e coraggiosa con gli occhi sempre spalancati sul mondo, stufi marci di sentirsi chiedere in continuazione: "Che cosa vuoi fare da grande? Dimmi che cosa vuoi fare da grande" – ci prendesse in disparte, e senza tanti giri di parole, guardandoci dritto negli occhi ci chiedesse:
"Ma tu, piuttosto, tu, si può sapere che cosa hai fatto *tu*, da grande?

Che cosa ne è stato di quel senso di infinito che ti prendeva ogni anno, alla fine della scuola, davanti alla distesa sterminata di un'intera estate?

Che cosa ne hai fatto dei tuoi sogni, ma quelli veri, quelli che contano: gli specchi da attraversare, i mondi alla rovescia, i paesi delle meraviglie, i rifugi segreti, gli amici immaginari, le carte magiche, i voli, tutte quelle cose che ti stanno dentro, e ti nutrono l'anima, e ti fanno sentire voluto bene da te...

Che cosa ne hai fatto, tu, del tuo tempo?".

Che tempo abbiamo avuto!

Se solo aveste potuto vedere il tempo che c'era ai miei tempi –

quando riuscivamo a credere a ben più di sei cose impossibili prima di colazione

e i nostri eroi erano capaci di promuovere trentadue rivoluzioni per perderle tutte.

E c'era tempo per fare tutto, per essere tutto, contemporaneamente.

Abbiamo viaggiato con Alice spavaldi e onnipotenti –

c'è tempo, guarda che c'è tempo, ti dico che c'è tempo, c'è un sacco di tempo,

di sicuro ci sarà tempo, il tempo è dalla nostra parte, abbiamo tutto il tempo del mondo...

Ma

"poiché ora so che il tempo è sempre il tempo

e che lo spazio è sempre e solo spazio

e che ciò che è reale lo è solo per un tempo

e per un solo spazio"

ora, forse, dovremmo riuscire a prendere per mano il signor Federico Nessuno

– senza lasciare la mano di Alice –

e ammettere una volta per tutte che, sì, effettivamente siamo cresciuti,

e, sì, qualche volta è proprio ora di andare a dormire,

ma sempre con gli occhi bene aperti, per non rischiare di perderci neanche un bisbiglio.

Perché finalmente lo abbiamo imparato che c'è tempo
soltanto se c'è *un* tempo,
un tempo per ogni cosa.
Per sceglierne magari una sola di quelle cose impossibili,
però poi realizzarla, costi quel che costi.
E arrivare in un posto per restarci, e guardare
con gli occhi spalancati,
perché c'è un tempo per viaggiare e un tempo per costruire,
un tempo per scappare e un tempo per guarire,
un tempo per capire, lunghissimo,
un tempo per spiegare,
un tempo per perdonare,
un tempo per perdere tempo.
C'è un tempo per cambiare e un tempo per tornare gli stessi di sempre,
un tempo per gli amori e un tempo per l'amore,
un tempo per essere figli e un tempo per farli, i figli
un tempo per volere una vita spericolata e un tempo per trovare un senso a questa vita –
che è anche l'unica che abbiamo.
C'è un tempo per raccogliere tutte le sfide, un tempo per combattere tutte le battaglie, un tempo per fare la pace, un tempo per esigerla, la pace.
C'è un tempo per dire e un tempo per fare – e non è detto che di mezzo debba per forza esserci una barca.
A volte basta uno sguardo,
a volte perfino una scheda elettorale.
C'è un tempo per innamorarsi – prorogabile.
C'è un tempo per ballare e un tempo per aspettare,
un tempo per correre,
un tempo per il silenzio.
E se c'è un tempo bellissimo per ricordare

allora ce ne deve essere anche uno calmo per
dimenticare
ma senza perdere
e senza perdersi.
Perché se c'è un tempo per dormire e uno per
morire, forse
– forse –
se siamo sempre stati bravi e attenti,
e continuiamo a tener gli occhi spalancati
allora, forse,
c'è anche un tempo
infinito
per sognare.

Stay awake, don't rest your head
Don't lie down upon your bed
While the moon drifts in the skies
Stay awake, don't close your eyes.

AMLETO

(Il palcoscenico è occupato per tre quarti da una pedana di legno, rettangolare, inclinata, e collocata diagonalmente rispetto al pubblico. Al centro, come da copione, una sorta di botola dai contorni sbrecciati: esplosa o implosa, non sappiamo. Lungo due lati della pedana, alcuni sacchi di iuta: il loro contenuto si svelerà solo alla fine dello spettacolo. Alcune quinte orientate nel senso della pedana e tre casse di legno completano la scena, volutamente scarna e filologicamente shakespeariana.)

"Esplodere o implodere. Questo è il problema.

Se sia più nobile intento espandere nello spazio la propria energia senza freno o stritolarla in una densa concentrazione interiore e conservarla, ingoiandola. Sottrarsi, scomparire, nient'altro. Trattenere dentro di sé ogni bagliore, ogni lampo, ogni sfogo; e, soffocando nel profondo dell'anima i conflitti che la agitano scompostamente, dar loro pace. Occultarsi, cancellarsi, forse risvegliarsi altrove, diverso."

Questa storia viene da lontano, ma da tanto lontano. Viene da prima. Prima di Shakespeare, prima del racconto medioevale a cui Shakespeare si rifà esplicitamente, prima di tutte le saghe che intorno all'anno Mille, in ogni angolo del mondo conosciuto, raccontano una storia straordinariamente simile. Prima dei Greci e dei Romani, prima di Virgilio, prima di Omero, prima del Mahābārata, prima del mondo – forse un attimo prima del Big Bang, quando erano Crono e i Titani a giocarsi a dadi il cosmo e le costellazioni.

Ecco, forse allora nasce Amleto, o Amlodi, o anche Amleighe, o Amleide: portatore di fato, signore dell'età dell'oro, re nel passato e nel futuro.

Nelle rozze e vivide immagini delle popolazioni primitive, Amleto si distingueva per il possesso di un mulino favoloso, dalla cui macina, a quell'epoca, uscivano pace e abbondanza. Più tardi, in tempi di decadenza, il mulino macinò sale. Ora – l'ora di allora, ma forse anche l'ora di oggi – essendo caduto in fondo al mare, macina le rocce e la sabbia, creando un vasto gorgo, il maelström, la corrente che macina, una delle vie che conducono alla terra dei morti. Sembra quasi che ogni epoca porti con sé un suo proprio concetto di fine del mondo, di apocalisse imminente, suffragato da una serie di indizi inconfutabili: grandi catastrofi naturali, il clima che impazzisce. Sembra che in ogni epoca si affermi l'idea indiscussa che le cose non siano più come una volta, che il mondo stia andando inequivocabilmente di male in peggio. L'asse del mondo si è spostato – il tempo è fuori squadra – e ormai il mulino è stato sradicato, ormai il maelström attraversa il mondo intero.

"Ciò che è inconcepibile dell'Universo è che sia concepibile" (Albert Einstein).

"Ci sono più cose in cielo e in terra, Orazio, di quante ne sogni la tua filosofia" (William Shakespeare).

Tra queste due frasi ci sono quasi quattro secoli, un numero inimmaginabile di catastrofi, guerre, distruzioni, e nonostante questo un numero di vivi, che oggi sembra superare il numero di tutti i morti accumulati nell'intera storia del mondo precedente.

Si fa fatica a credere che sia vero, però lo dice anche il "National Geographic".

Per fare un esempio: pare che se oggi tutti gli abitanti del pianeta decidessero nello stesso momento di interpretare il ruolo di Amleto, non ci sarebbero teschi sufficienti per tutti.

Non è esattamente l'ipotesi più verosimile, che tutti gli abitanti del mondo decidano contemporaneamente di interpretare proprio il ruolo del principe di Danimarca; però in qualche modo, nella grande maggioranza, non sembrano intenzionati a smettere di ascoltarne e tramandarne la storia. Perché il mito di Amleto è uno di quelli nati chissà quando, nell'ombelico del mondo, che hanno attraversato i secoli e i continenti lungo le vie dei canti, e ancora oggi ci appartengono, ancora oggi fanno parte della nostra memoria collettiva. Tant'è che nella top ten dei miti e degli eroi dell'immaginario di tutti i tempi – è una roba americana, quindi prendetela per quel che vale –, comunque, nella classifica dei dieci miti ed eroi dell'immaginario più famosi di tutti i tempi, Amleto sta al quinto posto. Non male. Al sesto c'è Frankenstein, però poi al settimo c'è Sigfrido. È anche vero che al quarto c'è Babbo Natale, ma d'altra parte gli americani hanno le idee confuse su tante cose, non si può pretendere. Però qualcosa vuol dire, no? Tutti amano Amleto. Gente che non va a teatro neanche se ce la deportano, su Amleto capitola. È così. Semmai sarebbe interessante capire da dove arrivi questa fascinazione che sembra non avere fine. Noi ci abbiamo provato. Prima di cominciare a lavorare sul testo di questo spettacolo abbiamo fatto una specie di piccola inchiesta, proprio per capire quale fosse la percezione di Amleto nell'immaginario contemporaneo, e anche un po' per rendere omaggio all'autore. Secondo molti critici e studiosi shakespeariani, infatti, *Amleto* non è semplicemente una tragedia, è molte altre cose. È anche una sorta di indagine, di inchiesta in cui tutti spiano tutti, controllano tutti, ascoltano tutto e vanno a riferire, in genere male. E proprio per riuscire a cogliere lo spirito dei tempi, abbiamo preso spunto da quelle che sono le inchieste che vanno per la maggiore oggi, tipo quelle televisive genere *Le Iene*. E siccome volevamo tararci su un livello culturalmente medio-basso, anche il target l'abbiamo copiato da loro: abbiamo scelto il parlamentare medio, che è parecchio basso. Quindi abbiamo preparato delle domande adeguate, molto molto facili, per non ingenerare ulteriori e non proprio indispensabili crisi di governo – domande tipo:

"Come si chiamava il padre di Amleto?"

(*A volte, ma non di frequente, qualcuno dal pubblico risponde: Amleto.*)

Si chiamava Amleto, ma curiosamente è un dettaglio che si tende a dimenticare, forse perché il padre di Amleto è noto soprattutto come il fantasma, lo spettro. Eppure è un dettaglio importantissimo, una delle modifiche fondamentali apportate da Shakespeare al testo originale.

Perché l'*Amleto* di Shakespeare non è un testo originale, per niente. Oggi si direbbe che è un remake, il remake di un testo medioevale molto popolare in epoca shakespeariana. Shakespeare, incaricato di farne un adattamento teatrale, vi ha apportato alcune modifiche, appunto, cruciali.

Per esempio, i nomi: ha mantenuto il nome del protagonista, ma tutti gli altri li ha cambiati. E ha fatto anche bene: erano nomi danesi, sembravano un catalogo dell'Ikea.

Il re Orvendel – libreria componibile. Suo fratello Feng – letto tipo futon. La regina Geruta – poltrona polifunzionale...

Poi Shakespeare fa altri interventi, per esempio aggiunge Polonio. Non ho detto che aggiunge *del* polonio – però sembra che l'attualità insegua costantemente i classici. Quando lavoravamo a questo spettacolo, i giornali pullulavano di notizie sui danni terribili, sulle morti provocate proprio dal polonio, questo elemento così pericoloso e letale, per cui ci siamo chiesti: ma avrà preso il nome dal Polonio di Shakespeare? Che effettivamente un po' pericoloso lo è, anche se non altrettanto radioattivo. Il Polonio di Shakespeare è un cortigiano, un intrigante, ma soprattutto è famoso per essere il padre di...?

Ofelia, benissimo.

E del fratello di Ofelia, che si chiamava?

Laerte.

Come il figlio di Adriano Pappalardo. È una roba che un po' mi inquieta: per quale motivo Adriano Pappalardo – avete presente? – ha chiamato suo figlio Laerte? Son cose che fan tremare i polsi...

Comunque, torniamo alla percezione di Amleto nell'immaginario collettivo: quando pensiamo ad Amleto, dal punto di vista iconografico, come lo vediamo? Vestito di che colore?

Nero, è facile, in genere ha anche una specie di gorgiera.

Capelli?

Biondi. È danese, biondi.

Taglio classico, un po' Raffaella Carrà prima maniera: il caschetto Vergottini che è chic e non impegna.

E quando pensiamo ad Amleto, in che atto ce lo immaginiamo? Che cos'ha in mano normalmente Amleto?

Un teschio, facilissimo.

E di chi è il teschio che Amleto ha in mano?

No, non è quello di suo padre. No, era Rosmunda che beveva nel cranio del papà, pare non di sua iniziativa. No, Amleto ha in mano il teschio di Yorick, che era l'antico buffone di corte, con cui lui giocava da bambino.

E che cosa dice Amleto quando ha in mano il teschio di Yorick?

(*Qui, invece, regolarmente dal pubblico più voci rispondono "Essere o non essere".*)

Neanche per sogno! Non dice "essere o non essere", non lo dice lì! E però tutti noi abbiamo una reazione quasi pavloviana: Amleto – teschio – padre – essere o non essere. Non è così!

Ma come: è la storia più famosa del mondo, sta nell'immaginario di tutti da sempre, eppure, in realtà, non la conosciamo veramente. Forse anche perché per conoscerla veramente, questa storia, bisognerebbe partire dall'inizio – solo che l'inizio non è quello di Shakespeare...

L'inizio viene da molto più lontano, dal Medioevo, e forse da più lontano ancora.

L'inizio – l'inizio è l'antichissima saga di Amleto, figlio di Geruta e di Orvendel, valoroso e buon re di Danimarca, che suscita l'invidia e la gelosia del proprio perfido fratello Feng, il quale lo uccide a tradimento durante il sonno, ne sposa la vedova e accede al trono di Danimarca.

Tutto questo avviene sotto gli occhi del principe Amleto, che all'epoca è molto piccolo, è poco più che un bambino, però un bambino molto intelligente; si rende subito conto che se vuole diventare adulto e vendicare la morte orribile del padre deve riuscire a sfuggire allo zio e ai suoi sospetti.

Per questo motivo decide di fingersi pazzo – perché, in tutte le sue diverse declinazioni, la radice della parola Amleto vuole dire dovunque la stessa cosa: il matto, il pazzo, l'idiota, il *fool*.

E così – *day after day, alone on a hill* – il piccolo Amleto mette in scena la propria follia, e riesce a ingannare assolutamente tutti – tutti tranne sua madre, la regina Geruta, che presto si pente di avere sposato il malvagio cognato e si allea in segreto con il figlio. E Amleto riesce a schivare tutti i trabocchetti: per esempio, quando il perfido zio lo manda in Inghilterra convinto che verrà fatto fuori, Amleto non solo riesce a sopravvivere, ma arriva addirittura a sposare la figlia del re britannico. E dopo qualche anno decide di tornare in Danimarca, ma ha l'accortezza di tornarci con lo stesso aspetto che aveva quando se n'era andato, travestito da povero matto – *my poor fool...* – così nessuno si insospettisce e Amleto può finalmente portare a termine la sua lunghissima vendetta. Grazie a un arazzo appositamente preparato da maman (tenetelo a mente, l'arazzo) costruisce una sorta di gabbia, nella quale imprigiona i cortigiani e dà loro fuoco, poi sostituisce la propria spada a quella del perfido zio addormentato, lo sveglia, lo sfida a duello, lo infilza e finalmente, in piena legittimità, Amleto sale al trono di Danimarca, e vive e regna per sempre felice e contento.

No.

Forse avremo le idee un po' confuse, ma questa non è la storia che conosciamo noi. Le assomiglia, ma non è la stessa: sono diversi i nomi, è diverso il finale. Perché di una cosa invece siamo tutti assolutamente certi: *Amleto* è una tragedia, finisce con una carneficina nella quale muoiono praticamente tutti, ma soprattutto muore lui, muore il protagonista. Altro che lieto fine.

E allora? Che cosa è successo alla storia?

È successo che il remake l'ha fatto William Shakespeare. E quando William Shakespeare ci mette le mani su questa storia, intorno alla fine del Cinquecento, è già William Shakespeare. È un autore affermato, amato, autorevole, ha perfino un suo teatro – e avere un teatro, a Londra, in quegli anni, doveva essere una cosa straordinaria.

Londra era una delle tre città più grandi e più importanti del mondo: duecentomila abitanti che sembravano andare pazzi per il teatro, nonostante i moralisti pattugliassero costantemente le strade, scagliando i loro anatemi:

"Non andate a teatro! Fa male, il teatro...".

Niente da fare, non c'era verso di tenere la gente lontana dai teatri, che allora erano degli edifici semicircolari a più piani: ogni piano ospitava una galleria, mentre il cortile centrale alloggiava la platea. Quindi il pubblico che guardava lo spettacolo in platea era costretto a stare in piedi e a cielo aperto, esposto alle intemperie. Direi che oggi a voi va abbastanza di culo.

Oltretutto allora, in teatro, non si vedevano soltanto gli spettacoli tradizionali: la prosa, la tragedia, la commedia, la danza, la musica... No, succedeva di tutto, si poteva assistere a qualunque cosa: gare di cani, competizioni tra cavalli e orsi e persino tori, e poi spettacoli pirotecnici, lanci di razzi, fuochi d'artificio. Alcune cronache riferiscono che di tanto in tanto dall'alto, senza preavviso, scrosciassero sulla platea sottostante delle cascate di mele rosse.

Il palcoscenico di Shakespeare era una tavola di legno rettangolare, rialzata, orientata verso il centro della platea. In mezzo al proscenio una botola, sotto la botola uno sgabuzzino – *hell*, l'inferno – nel quale si potevano mettere a punto mirabili effetti teatrali: gli unici. Niente luci, scenografie ridotte al minimo...

Ma non se ne sentiva la mancanza.

Il pubblico aveva dimostrato un numero infinito di volte di non avere bisogno del buio per immaginare la notte, e neppure di alberi di cartapesta per immaginare il bosco. E perciò:

"Perdonate voi tutti, cortesi spettatori, i piatti e banali ingegni che osano portare su queste indegne tavole di legno un soggetto così grandioso – davvero, perdonateci. Però, come un piccolo sgorbio di cifre può rappresentare un milione, così lasciate che noi – zeri, in questo grandissimo compito – mettiamo in moto le forze della vostra immaginazione. Supponete che entro questa cerchia di mura vivano potenti monarchi; medicate col vostro pensiero le nostre imperfezioni; dividete un sol uomo in un migliaio e avrete un esercito immaginario; immaginate, quando parliamo di cavalli, di vedere stampare il loro zoccolo fiero sul terreno molle. Perché è il vostro pensiero che deve vestire i nostri personaggi, e portarli in giro, qua e là, con salti di tempo, riducendo il trascorrere di molti anni nel breve volgere di una clessidra. Siate pazienti nell'ascoltare, e benevoli nel giudicare il nostro lavoro".

Cos'è?
Che cos'è questo?

Be', lo sappiamo tutti, questo è il castello di Elsinore, cupo maniero nonché residenza dei reali di Danimarca. Però non affaticatevi ora, non sforzate adesso pensiero e fantasia per immaginarvi i dettagli, i particolari. Non serve perché tanto non si vede un accidente: è sempre notte a Elsinore, o comunque è sempre buio, tant'è che tutti, regolarmente, a tutte le ore, si salutano dicendosi buonanotte. Mai nessuno che dica: buongiorno, come va?, buongiorno, che bella giornata! Niente da fare, sempre e solo buonanotte, buonanotte, buonanotte, mille volte buonanotte – e non si sente un'allodola a pagarla.

E chi è?

Chi è questa figura cupa, inquieta, ammantata di nero che si aggira senza posa per i corridoi del castello?

Questo è lui, è il nostro protagonista, il macinatore di storie, il portatore di fato, il principe Amleto di Danimarca.

"Di soldati, letterati e gentiluomini era l'occhio, la lingua, la spada; il fiore e la speranza del nostro regno, lo specchio della moda e il modello delle forme; l'oggetto dell'universale ammirazione."

Ecco, è proprio questo il punto: era. Però da qualche tempo a questa parte non è più così. Da qualche tempo a questa parte, e non se ne conosce il motivo, il principe Amleto non è più lui, è profondamente cambiato, è triste, è malinconico. È giù, è giù.

"Io da qualche tempo, ma non so come, ho smarrito tutta l'allegria, abbandonato ogni occupazione. Mi sono talmente appesantito d'umore che perfino la bella architettura della terra mi sembra una sterile forma."

Al giorno d'oggi, nessun problema: Prozac, in quantitativi anche massicci. Ma dai, ma quale percorso interiore, quale psicoterapia, non serve a niente: è la depressione, bellezza. Viviamo nell'epoca delle passioni tristi, bellezza. Sei giovane? Sei sensibile? In una parola ti mancano i coglioni? Non hai alternative, puoi soltanto attaccarti alla pastiglia.

Allora è questa la nostra prima diagnosi?

Il principe Amleto è depresso, o se preferite malinconico, o magari melanconico, ma così, senza un motivo apparente, senza alcuna ragione comprensibile?

Be', forse non è proprio così: il principe Amleto è in lutto. Ed è un lutto particolarmente grave, doloroso, profondo: ha perso suo padre. Suo padre, il re Amleto, è morto all'improvviso, poco tempo fa. È morto durante il sonno pomeridiano, non ha potuto confessarsi, non ha potuto salutare nessuno. È successo due mesi fa – due mesi – e nel frattempo la mamma di Amleto, la regina Gertrude, ha pensato bene di risposarsi con il cognato, Claudio, fratello del defunto re, e quindi Claudio adesso è diventato lui re di Danimarca, oltre che ziigno di Amleto.

Amleto ha tutti i motivi per essere in lutto, per essere triste e malinconico, per sentirsi a disagio nella situazione che si è venuta a creare, e anche per ironizzare amaramente sul comportamento non proprio impeccabile di maman:

"L'arrosto del funerale è stato servito freddo al banchetto di nozze".

Suo padre è morto da due mesi, due mesi sono pochi per elaborare un lutto così grave; eppure nessuno al castello di Elsinore sembra tollerare questo protrarsi del dolore di Amleto, sono tutti lì a spronarlo, a provocarlo: ma insomma, e che sarà mai!, ancora lì vestito di nero? ma basta, reagisci, goditi la vita!

In effetti, almeno in teoria, Amleto è proprio uno che ha tutto per godersi la vita, no? È un principe. È giovane: non sappiamo di preciso quanti anni abbia, ma è abbastanza giovane, nonché abbastanza ricco, da potersi permettere di studiare per il puro piacere di farlo. Filosofia. All'estero: sta facendo un Erasmus a Wittemberg. È biondo, bello, di gentile aspetto. Piace alle donne – questo fa parte del nostro ancestrale masochismo che ci porta a perdere la testa per gli intellettuali depressi. Piace a quella che piace anche a lui: ama, riamato, la bella Ofelia. È uno straordinario spadaccino, ha tanti amici, è molto popolare. Lo ziigno, Claudio, non ci pensa proprio a procreare di suo, anzi, non gli pare vero di avere già pronto per la successione, quindi il più tardi possibile, un erede al trono così rappresentativo e oltretutto così poco propenso, almeno per ora, a mettere il becco negli affari di stato. Perché... c'è del marcio, in Danimarca. Non che altrove si stia molto meglio: per esempio, ci sono problemi con la Norvegia, perché il giovane Fortebraccio di Norvegia... Ah, peraltro, il giovane Fortebraccio di Norvegia è figlio di quel re Fortebraccio di Norvegia che a suo tempo fu sconfitto in battaglia proprio da re Amleto, padre dell'attuale principe. Curioso: abbiamo due giovani protagonisti, entrambi orfani di padre ed entrambi, come dire, gravati dall'onore e dall'onere di portarne il nome.

Comunque, il giovane Fortebraccio di Norvegia non si capisce che cosa abbia per la testa: è arrivato con il suo esercito fino al confine con la Danimarca. È un gesto grave: non si sa se abbia intenzione di andare oltre, di infrangere i trattati di pace, anche perché equivarrebbe a una dichiarazione di guerra. Poi evidentemente ci ripensa: chiede solo l'autorizzazione a transitare con il suo esercito in territorio danese perché dice che così fa prima a invadere la Polonia. Strano, eh? Deve essere uno dei corsi e ricorsi della storia. Ogni tanto, ciclicamente, uno si sveglia la mattina, gli parte la scheggia e ti invade la Polonia. Non sappiamo se Fortebraccio sia stato il primo, ma di sicuro non è stato l'ultimo.

Anche Amleto è destinato a un futuro da leader: lo è per nascita, ma lo è anche per vocazione. Ha un grande carisma personale, già adesso è amato, anzi adorato dal popolo, e non si capisce il perché. O forse sì che si capisce. Anche chi non lo ama, chi gli è ostile e nemico, parla di lui come del buon Amleto, del dolce principe di Danimarca. Amleto non fa distinzioni, tratta con lo stesso rispetto tutti gli esseri umani, indipendentemente dalla classe sociale o dal censo. Per Amleto tutti gli uomini sono uguali, ma per davvero. E questo sì è uno scandalo, no? Questo sì è un potenziale pericolo.

"Chi va là?"

Non è una notte come le altre sugli spalti del castello, non è un semplice cambio della guardia. Questa notte – "Chi va là?" – sugli spalti del castello, insieme a Marcello e Bernardo, c'è anche – "Chi va là?".

Niente paura, questo è Orazio, il buon Orazio, migliore amico nonché compagno di studi prediletto del principe Amleto. Orazio è una persona meravigliosa: anche lui è molto giovane, eppure è serio, profondo, affidabile, intelligente, onesto, corretto, impeccabile, colto e insieme lieve, amabile, spiritoso, simpatico, seducente, complice... Io credo che sia gay, Orazio, perché eterosessuali così in giro non ce ne sono più.

E comunque questa notte Orazio è tornato insieme a Marcello e Bernardo sugli spalti del castello per vedere con i propri occhi se si verificherà nuovamente un fenomeno che definire bizzarro è davvero troppo poco, un fenomeno straordinario, soprannaturale, sconvolgente: l'apparizione di... che cos'è? Un'ombra? O forse uno spettro, un fantasma che assomiglia in modo impressionante al defunto re Amleto. Dopo una lunga attesa, anche questa notte lo spettro compare. Non dice una parola, ma i tre amici riescono a identificarlo al di là di ogni possibile dubbio: è veramente il fantasma del defunto re. Bisogna correre ad avvisare il principe.

Che però al momento non è esattamente da solo, anzi, è un po' come se ci fosse la presentazione del cast al completo, come se scorressero i titoli di testa: innanzitutto abbiamo Polonio – sottosegretario, consigliere del re, tuttofare, grande impiccione, rompicoglioni incontenibile e alla bisogna anche spione e buffone di corte.

Poi i suoi due figli: Laerte – giovinotto palestrato in procinto di ripartirsene per la Francia, forse per partecipare a un reality – e sua sorella Ofelia – bella, giovane, bionda, pallida, ingenua, e debitamente innamorata di Amleto, già descritto.

Poi la di lui madre, Gertrude, bi-regina di Danimarca, recentemente vedova ma non si direbbe, visto che si è testé risposata con il nuovo protagonista della scena politica danese, *the brand new king*, il nuovissimo re, il divo Claudio.

"Benché il ricordo del nostro caro fratello Amleto verdeggi ancora, e ai nostri cuori si convenga l'afflizione, e al regno una sola ed eguale espressione di cordoglio, tuttavia la moderazione ha tanto lottato in noi con la natura che ormai possiamo ricordarci di lui con più pacato dolore, senza dimenticare noi stessi. Per questa ragione, con incerta gioia, lieto da un occhio e piangente dall'altro (io questa però la devo vedere: come fa un umano a essere lieto da un occhio e piangente dall'altro? Che cos'è? Una forma di congiuntivite schizofrenica? È stato a scuola con Marty Feldman? Come fa?), mettendo gioia e dolore sulla bilancia, ho preso in moglie colei che già fu nostra sorella, e ora è regina e imperiale erede di questo stato guerriero. E tu, Amleto, nipote mio e figliolo..."

Attenzione, qui Amleto parla per la prima volta. È la sua prima battuta in assoluto, potrebbe svelarci un sacco di cose su di lui, sui rapporti con la famiglia: è davvero una battuta cruciale.

"Un po' più che nipote, ma meno che figlio."

Ammappalo! Amleto prende le sue distanze, diciamo che mette dei bei paletti tra sé e lo zio, il quale è evidentemente in difficoltà. A sostenerlo deve intervenire maman.

"Spogliati, buon Amleto, del tuo colore notturno, e guarda con occhio amico al re di Danimarca. Non cercare più a ciglia basse nella polvere il tuo nobile padre: è una legge comune, chi vive deve morire. Perché dunque ti sembra una cosa tua particolare?"

"Sembra, signora? Niente affatto: è. Io non conosco sembra. Non è soltanto il mio mantello tinto di inchiostro, né le mie abituali vesti di un nero solenne, o i rotti e profondi sospiri, e neppure il fiume che scorre dagli occhi, o la disfatta espressione del volto, insieme a tutte le forme, i modi, i segni della sofferenza: non solo tutto questo può veramente rappresentarmi. Queste sì sono cose che sembrano, poiché si possono recitare. Ma io ho, dentro di me, qualcosa che è al di là di ogni mostra. Il resto non è che l'ornamento, il vestito del dolore."

Ok, per quanto ci riguarda Amleto ci ha già convinto: è il capo, è il meglio, vale mille volte di più di quel poveraccio di suo zio Claudio – il quale, infatti, sentendosi in difficoltà parla, oh, ma quanto parla.

"È ben degno di te, Amleto, e della tua natura, il lutto che porti per tuo padre. Pure, tu lo sai, tuo padre perdé un padre, e quel padre perduto perdé il suo. È obbligo filiale di chi sopravvive manifestare per un certo tempo il proprio cordoglio; ma insistere in tale luttuoso contegno..."

Fammi capire il concetto di insistere. Allora, suo padre, che poi è tuo fratello, è morto due mesi fa – cazzo, due mesi non è esattamente insistere...

"...insistere in tale luttuoso contegno è poi segno di empia caparbietà. È un dolore da femminuccia, che rivela un cuore debole, uno spirito ribelle, una natura indocile al cielo, un giudizio assai rudimentale e incolto..."

Porca miseria, e poi cos'altro rivelerà? Impotenza? Omosessualità latente? Velleità artistiche? Relativismo? Evasione fiscale? Tra un po' sta' a vedere che portare il lutto per il proprio padre diventa un reato...
No, Amleto, questo Claudio non ci convince, ha qualcosa di ambiguo, di infido, ci staresti molto me-

glio tu sul trono di Danimarca, bisognerebbe trovare il modo di levarlo di mezzo...

Eh no, non si può: c'è maman, e lei lo ama.

"Fragilità, il tuo nome è donna."

Ecco, Amleto, non per fare polemiche fuori luogo, però in tutta franchezza qui sarebbe stato proprio più carino e corretto dire: fragilità, il tuo nome è Gertrude. Noi, in quanto categoria, non c'entriamo un accidente in questa questione.

E oltretutto maman gli chiede di non ripartire per Wittemberg.

"Farò del mio meglio per obbedirvi, signora."

È un bravo figlio, Amleto – e soprattutto, ancora non sa.

"Chi è? Chi c'è?"

Sono amici, incredibilmente amici: Amleto è felice e sorpreso di rivedere Orazio – lo credeva ancora a Wittemberg –, che insieme a Marcello e Bernardo è venuto con ogni cautela a raccontargli quello che tutti loro, più volte, hanno visto accadere di notte sugli spalti del castello: l'apparizione di... cos'è? Un'ombra, o piuttosto uno spettro, un fantasma che assomiglia in modo impressionante al defunto re. E subito Amleto decide di andare a vedere, a controllare, a verificare con i suoi occhi, e ci vuole andare il più presto possibile, la sera stessa, anzi, meglio prima:

"Ah, fosse già buio! Anima mia, cerca di restare calma!".

Ma come? Non era quello pieno di dubbi, Amleto?

Nel frattempo al porto, in attesa di imbarcarsi per la Francia, Laerte e suo padre Polonio stanno dando il meglio di sé ai danni della povera Ofelia. È un meccanismo tipico delle famiglie cresciute senza una figura materna: l'unica donna di casa è Ofelia e su di lei si accaniscono padre e fratello.

Qual è il problema? Il problema è che si sa da sempre che Ofelia è innamorata di Amleto, ma recentemente anche Amleto ha dichiarato di amare Ofelia: in una lettera le ha giurato eterno amore. E questo ha messo in crisi Laerte e Polonio: sono gelosi, possessivi, non ci stanno dentro, e allora diventano sgradevoli, entrano in competizione, cercano di sminuire l'impegno di Amleto, fanno allusioni meschine e volgari... Comincia Laerte, che mentre è lì sulla banchina che fa due pesi – metti che poi durante la traversata non ce la fa e mi arriva fuori forma alle selezioni per il reality – rivolge alla sorella un discorso assai profondo, dialettico e nobile il cui significato finale è: non fidarti degli uomini che io li conosco. Presumibilmente, anche lui è gay.

Imbarcato Laerte, ci pensa Polonio a infierire ulteriormente sulla povera fanciulla:

"Tu, da quell'ingenua che sei, hai scambiato quei segni da nulla per biglietti di banca, buoni e spendibili".

Ora, a parte la raffinatezza della metafora bancaria, vorrei farvi notare che Polonio definisce i giuramenti d'amore del principe Amleto a sua figlia "quei segni da nulla": fine pedagogo, papà.

"Spenditi meno, sii più parsimoniosa della tua virginale presenza, non fidarti delle sue profferte: cerca solo di accalappiarti meglio. Gli uomini vogliono una cosa sola, bambina: tu fatti furba, e non dargliela."

"Come vuoi tu, papà."

È quasi mezzanotte, l'ora notturna in cui affascinano le malie, quando i cimiteri sbadigliano e l'inferno soffia il suo contagio sul mondo. Anche questa notte, dopo una lunga attesa, finalmente sugli spalti del castello appare... ma che cos'è? È un'ombra, o è un sogno?

È il fantasma del defunto re Amleto: non dice una parola, fa cenno al figlio di seguirlo da solo, e subito Amleto lo segue. Gli amici vorrebbero trattenerlo, hanno paura per lui. Lui non ha affatto paura, è solo molto emozionato: finalmente può rivedere suo padre. Appena restano soli lo spettro entra subito in argomento:

"*Mark me*, ascoltami bene".

E gli racconta tutto. Di come suo fratello Claudio l'abbia ucciso a tradimento durante il sonno pomeridiano, di come gli abbia versato giusquiamo nell'orecchio, di come lui sia morto sul colpo, avvelenato, senza potersi confessare. E di come ora, gravato dal peso dei peccati, sia costretto a vagare per il purgatorio – luogo orribile, luogo indicibile – finché suo figlio non svelerà e vendicherà l'infame delitto. L'ordine per Amleto è chiaro e inequivocabile. Deve uccidere Claudio. Ma:

"Non far nulla contro tua madre: lasciala al cielo, e alle spine che ha in seno, che già la pungono e la tormentano. Addio dunque: il fuoco della lucciola si fa più scialbo, l'alba è vicina. Addio, addio, addio, ricordati di me".

Adieu, adieu, adieu, remember me.

Adieu. Non gli ha detto *goodbye*, o *farewell*; no: *adieu*.

Chissà perché.

Forse perché in *adieu* c'è Dio – e Dio, qui, ci vuole proprio.

Un'uscita di scena memorabile, indimenticabile. Ricordarsi di lui? Ma Amleto non potrà scordarsene mai più, mai più, neppure per un istante.

"O eserciti del cielo, o terra, o inferno, se debbo aggiungere anche te. O mio cuore, dammi forza, e voi, miei nervi, non invecchiate di colpo, ma tenetemi saldo. Ricordarmi di te? Oh, sì, povero spirito, finché esisterà la memoria in questo mondo demente. Ricordarmi di te? Ma io cancellerò dalla tavola della mia mente tutti i ricordi sciocchi e triti, le parole dei libri, tutto ciò che vi fu scritto dalla giovinezza e dall'esperienza. E il tuo comando, solo, vivrà nel libro del mio cervello, sgombro da ogni altro intento. Sì, per il cielo! Ah, donna sciagurata! E tu, furfante, maledetto furfante che sorridi! Io lo devo scrivere, che uno può sorridere, sorridere ed essere una canaglia. Almeno so che si può essere così in Danimarca: eccoti servito zio. E ora, la mia parola è: addio, ricorda. L'ho giurato."

Qui finisce *Amleto*.

Nel senso che tutto quello che succede da qui in avanti, nella tragedia shakespeariana, non ha più alcun senso logico.

Riprendiamo la nostra indagine.

Allora, nel testo medioevale, che Shakespeare rifà pari pari, Amleto assisteva all'omicidio del padre da parte dello zio quando era un bambino. Per lui era indispensabile riuscire a sopravvivere fino all'età adulta, per potersi vendicare. Per questo motivo, per riuscire a sopravvivere e sfuggire ai sospetti dello zio, decideva di fingersi matto.

Ma l'Amleto di Shakespeare è in una condizione del tutto diversa: è già adulto, e che adulto. È un principe, dotato di enorme carisma personale, adorato dal popolo che è pronto a seguirlo dappertutto, a credergli sulla parola quando dovesse raccontare quello che lo spettro del padre gli ha rivelato. Attenzione! Spettro che non è stato soltanto lui a vedere: lui soltanto ci ha parlato, forse, ma più volte il fantasma è stato visto da diverse persone. Per esempio Orazio: Orazio si rivela ancora una volta un personaggio cruciale. È un po' come la pastorella di Fatima: il garante dell'avvenuta apparizione.

Il problema di Amleto è di tipo etico? Gli ripugna sporcarsi le mani con il sangue dello zio? Ma non è costretto a farlo personalmente: potrebbe limitarsi a denunciare quello che ha saputo. Ci penserà l'autorità competente, il Tribunale, a fare giustizia, ad avviare un'indagine, a inchiodare Claudio alle proprie responsabilità e di conseguenza condannarlo a morte. Quindi, in piena coscienza, in piena coerenza, senza tradire il sacro giuramento fatto al fantasma del padre, Amleto potrebbe far giustiziare lo zio, punire adeguatamente la madre fedifraga, accedere in totale legittimità al trono di Danimarca, governare da par suo, sposare Ofelia, avere dei bambini, vivere e regnare per sempre felice e contento – esattamente come succedeva nel testo medioevale. Perché qui non va così? Che cosa succede intorno a Shakespeare?

Un sacco di cose.

Intanto succede che da poco è cambiato il governo – e delle volte, si sa, cambia anche il clima generale.

Prima era tutto un po' più ridanciano e frivolo, adesso sembra tutto un pochino più serio. Anche perché prima c'era Elisabetta Tudor, adesso c'è Giacomo Stuart.

Succede che proprio in questo periodo Shakespeare perde il suo unico figlio maschio – Hamnet, o Hamlet – che muore bambino.

Succede che siamo all'inizio di un nuovo secolo, il Seicento, il mondo sta cambiando a una velocità vertiginosa, e Shakespeare se ne rende conto prima e meglio di chiunque altro. E allora succede che forse non gli interessa più raccontare soltanto quello che, sia pur mirabilmente, ha raccontato finora, quello che si vede, quello che succede fuori – che siano storie d'amore, faide familiari, commedie degli equivoci, viaggi per mare – no: vuole provare a raccontare quello che succede dentro.

Ma dentro Amleto, in questo momento, non c'è alcuna possibilità di azione né di scelta: dentro Amleto, in questo momento, c'è soltanto tempo.

C'è il nauseante intervallo di tempo che dovrà trascorrere tra il momento in cui ha ricevuto il terribile ordine e quello in cui inevitabilmente lo dovrà mettere in atto.

Shakespeare vuole provare a raccontare il tempo.

Ma il tempo è fuori squadra, bisogna provare a rimetterlo in sesto: maledetto destino, che tocchi proprio ad Amleto.

Il quale per certi versi sarà avvantaggiato, ma per altri a me pare pesantemente svantaggiato.

Vorrei tornare sulla questione del nome. Allora, Amleto si chiama esattamente come suo padre: invenzione di Shakespeare, nel testo medioevale non era così.

Intuizione geniale: di un padre che si chiama esattamente come te fai molta più fatica a liberarti – anche da vivo, figurarsi da postumo. Per crescere bisogna differenziarsi, bisogna trovare una propria identità, e i nomi sono simboli potenti, condizionano moltissimo. I figli maschi che portano lo stesso nome del padre raramente combinano qualcosa di buono nella vita, sono troppo schiacciati, troppo gravati – anche se magari il nome non è proprio identico, provano a mascherarlo, ci aggiungono Gian, o Pier... Prendiamo Apelle, figlio di Apollo: con tutto che c'aveva la vocale che lo differenziava dal babbo, non è che gli sia servito un granché, eh? Non è che abbia combinato molto nella vita: mi risulta che sia finito a fare palle di pelle di pollo, che non è esattamente un'attività quotata in borsa.

Perché i nomi contano moltissimo nel conflitto tra genitori e figli, l'identificazione totale può diventare insostenibile. Questo poveraccio di Amleto si chiamava uguale a suo padre: Amleto figlio di Amleto. È pesante, anche dal punto di vista psicologico ed emotivo. Vogliamo immaginarci cosa deve essere stata la fase edipica del piccolo Amleto? Perché Shakespeare non ha potuto leggere Freud, ma probabilmente l'ha scritto.

Allora, immaginiamoci il piccolo Amleto, intorno ai tre o quattro anni. Un giorno qualunque è lì che gioca tranquillo, solo, in un angolino – buio – nel suo castello in Danimarca, con i suoi pezzettini di Lego – marcio, suppongo, visto che lo fanno in Danimarca –, e a un certo punto sente la mamma che dice: "Amleto, tesoro, ti dispiacerebbe slacciarmi il reggiseno?".

Sta parlando con il consorte, ma Amleto piccolo non lo può sapere. Amleto piccolo pensa:

"Che cosa mi ha chiesto di fare la mamma? Oddio, è una cosa difficilissima, io non sono capace di farla, quella cosa lì, è troppo difficile, anche troppo in alto per me, non ci arrivo, son troppo piccino, non son capace, oddio, la mamma si aspettava una cosa da me e non sono capace di farla, oddio la deluderò, oddio non mi vorrà mai più bene come prima, oddio che trauma terribile sto vivendo, oddio sento che ne porterò i segni per tutta la vita".

E così quella ventina d'anni più tardi tira scema la povera Ofelia e lui diventa matto – è andata così?

Che poi, Amleto è matto, o fa finta?

La sua celeberrima pazzia è autentica, o è una messa in scena?

Chi lo sa... Questo è forse il più affascinante tra i tanti interrogativi insoluti che Shakespeare ci ha lasciato – complice ancora una volta la lingua, la sua.

In inglese c'è una sola parola per dire tutto questo: *fool*.

Fool vuol dire tutto. Vuol dire matto, pazzo, sciocco, stolto, idiota, stupido, però vuole anche dire buffone. Il *fool* è proprio il giullare, il buffone di corte.

E allora?

Chi è, che cosa è Amleto – è matto?

Matto, matto nel senso di fuori. Fuori, fuori, fuori di testa, fuori di cotenna, fuori come una biscia, fuori come una mina, fuori come un balcone, guarda, fuori come un citofono, fuori, non ci sta dentro, non ce la fa, non ci sta più dentro, guarda, è fuori con tutto, ha sbiellato, ha sbroccato, ha sbarellato

Matto, matto, insano. Insano gesto. L'insano gesto in genere è il suicidio, ma comunque è insano qualunque gesto compiuto dall'insano – la folle idea del folle, la pazza idea del pazzo

Irragionevole, stolto, squilibrato, paziente psichiatrico, o, più semplicemente, psichiatrico. Uno psichiatrico: l'assenza della ragione ha generato il sostantivo

Psichiatrico, problematico, psicosomatico, portatore di disagio psichico – e a chi lo porta, il disagio psichico? E soprattutto chi se lo piglia, il suo disagio psichico?

Disagiato, disturbato, esaurito, stressato, stressante

Sciocco, scioccato, shock, elettroshock

Pericoloso, pericoloso a sé e agli altri, pericoloso a sé e agli altri e di pubblico scandalo, se ne dispone pertanto l'internamento – internato, internatelo – nel locale ospedale psichiatrico

Manicomio, sei da manicomio

Matto, maniaco, psicopatico, mentecatto, bipolare, strambo, strano – è vero, mi sento un po' strano. Anormale – ma da vicino nessuno è normale

Matto, uscito di senno, dissennato, senza senno e senza sonno

Schizofrenico, ebefrenico, ciclotimico, psicotico, paranoico, depresso, ossessivo, ossessivo-compulsivo, anoressico, bulimico, nevrotico, disagiato, disturbato – è disturbato o disturba? Se disturba rinchiudiamolo

Quale tipo di disturbo?

Disturbo paranoide di personalità
disturbo schizoide di personalità
disturbo schizotipico di personalità
disturbo antisociale di personalità
disturbo borderline di personalità
disturbo istrionico di personalità
disturbo narcisistico di personalità
disturbo dell'attenzione – scusa, non stavo seguendo
disturbo evitante di personalità
disturbo dipendente di personalità
disturbo ossessivo-compulsivo di personalità
disturbo di personalità non altrimenti specificato
disturba, rinchiudetelo

disturba perché parla
parole che disturbano – perché disturbano le parole? perché risucchiano il senso
parole che risucchiano il senso
parole che risucchiano tutto il senso
folle, folletto, bidone aspiratutto
sei matto sei matto sei matto sei matto
SEI MATTO

Oppure Amleto è – il buffone?

I buffoni, sola setta
invidiata e benedetta...

In effetti al momento la corte di Elsinore è sprovvi-
sta di un buffone ufficiale: quello di cui tutti si ricor-
dano, l'amato Yorick, con cui Amleto giocava da bambino, è morto ormai da molti anni. Qualora le manife-
stazioni di pazzia di Amleto fossero un modo per
candidarsi al ruolo di buffone di corte, a quel punto
avrebbe un solo rivale potenziale, che poi sarebbe Polonio. Il quale a sua volta non è un buffone professio-
nista: no, Polonio è un idiota naturale. Polonio è un
qualunquista, un po' goffo, lento, volgarotto, borioso,
fastidioso, asfissiante, completamente privo di senso
dell'umorismo, però sempre lì a far battutine su tutto
e su tutti. È un idiota naturale e totale, un rompicoglioni forsennato, e poi ha il gusto per lo spionaggio, è
ossessionato dalle vite degli altri. Come spia Polonio
non spia nessuno. Spia tutti e tutto, a tutte le ore. Si
nasconde dietro ogni arazzo, controlla gli spostamenti
e gli orari, confronta gli alibi e le versioni di tutti, non
risparmia nessuno. Per esempio, suo figlio Laerte è
appena ripartito per la Francia? Bene, subito Polonio
gli sguinzaglia dietro un certo Rinaldo con l'incarico

di seguirlo dappertutto, controllare cosa fa, con chi esce, con chi va a cena, quante Heineken si scola dopo cena, e poi fare rapporto al padre... Polonio è un idiota assoluto, uno spione appassionato, un rompicoglioni incontenibile – pensa avercelo come padre, uno così...

"Padre?
Oh, padre, ho avuto tanta paura.
Mentre cucivo, sola, nella mia stanza, è venuto da me lord Amleto – col giustacuore slacciato, senza cappello in testa, le calze gualcite e arrotolate, pallido come la sua camicia, le ginocchia malferme, lo sguardo smarrito di chi sia tornato dall'inferno per descriverne gli orrori. Mi ha preso un polso, me lo ha stretto forte, poi mi ha lasciata andare – ma con un sospiro così profondo e pietoso che parve schiantarlo tutto, e porre fine alla sua vita. Io, padre, ho fatto quello che voi mi avete ordinato di fare: gli ho restituito tutte le sue lettere, ho respinto i suoi doni, l'ho tenuto lontano da me."
"Ah, figliola mia, ma questo spiega ogni cosa! Il principe Amleto è certamente matto, ma è impazzito per amore, perché tu l'hai respinto. Vieni, figliola, dobbiamo andare subito a informare il re: questo è un segreto che tenuto nascosto potrebbe causarci più guai delle noie che già ci arreca svelandolo. Vieni, figliola, dobbiamo elaborare un piano."
"Come vuoi tu, papà."

Ecco: elaborare un piano sembra essere diventata la parola d'ordine del castello di Elsinore. Tutti stano elaborando un piano, tutti stanno complottando nell'ombra per cercare di capire cosa si nasconda dietro il comportamento bizzarro assunto dal principe Amleto. E ovviamente quelli che prima e più di tutti vorrebbero scoprirlo sono il re e la regina di Danimarca, Claudio e Gertrude. I quali infatti, alla bisogna, hanno assoldato e convocato al castello di Elsinore Rosencrantz e Guildenstern, che non sono uno studio legale di Manhattan ma due ex compagni di scuola del principe Amleto – due poveracci, due maneggioni, due imbroglioni di mezza tacca, due tipi disposti a tutto, a qualunque bassezza, a tradire qualunque amicizia in cambio della protezione dei potenti e di un po' di denaro. E dunque il re e la regina di Danimarca li hanno convocati al castello perché, senza che Amleto sospetti il vero motivo della loro presenza lì, in nome della vecchia amicizia gli stiano sempre accanto e riescano a scoprire che cosa gli sta succedendo.

"Dunque io vi ringrazio, Rosencrantz e tu, gentile Guildenstern."

"Sì, anch'io vi ringrazio, Guildenstern e tu, gentile Rosencrantz. Però ora vi prego di andare subito a visitare questo mio figliolo così malato."

Lei non ci pensa proprio, no. Non passa neanche per l'anticamera del cervello, a maman, di andarci lei a visitare il figliolo così malato, macché: dà il lavoro in appalto. C'è pieno di specialisti pronti a capire per conto terzi. Ormai farsi ascoltare è un privilegio che si conquista soltanto a pagamento.

"Le loro maestà possono stare tranquille, ci pensiamo noi: Rosencrantz e Guildenstern, a disposizione; Rosencrantz e Guildenstern, affidabilità e riservatezza; Rosencrantz e Guildenstern, soddisfatti o rimborsati."

Escono Rosencrantz e Guildenstern, immediatamente entra Polonio: ma cos'è, una tragedia o un vaudeville?

"Maestà, ho scoperto la causa della pazzia di vostro figlio – perché il principe Amleto è pazzo, mi dispiace dirlo così brutalmente ma è proprio pazzo. E che cos'è la follia se non essere pazzi, e nient'altro che pazzi? Ora, che sia pazzo è vero, è vero che è un peccato, ed è un peccato che sia vero."

Ma quanto è simpatico Polonio? Però non è venuto solo a fare battute, no, è venuto a spiegare la sua teoria, e cioè che il principe Amleto sia impazzito per amore, per essere stato respinto dalla figlia Ofelia, peraltro da lui stesso istruita. E a questo scopo è venuto a esibire una lettera – che sia messa agli atti – nella quale Amleto si dichiara al di là di ogni possibile fraintendimento:
"Ofelia, dubita di tutto, ma mai del mio amore".

Voilà.

"Il principe, vedendosi respinto, divenne malinconico. Poi perse il sonno, poi perse l'appetito, quindi perse le forze, a questo punto smarrì il senno e via via declinando giunse infine a quello stadio di totale e delirante pazzia che noi tutti oggi constatiamo e lamentiamo."

Pensa avercelo come suocero uno così!
E non si placa, ma quando mai: vede giusto arrivare Amleto con un libro in mano? Ma quale occasione migliore per rompergli ulteriormente i maroni:

"E allora, principe Amleto, cosa state facendo di bello?".

E cosa starà facendo di bello con un libro in mano?

"E che cosa state leggendo?"

Sta leggendo quel libro lì, Polonio.

"E cosa c'è di così speciale in questo libro?"

E qui Amleto lo stende:

"*Words, words, words*".
Parole, parole, parole.

"Ah, però. Ah, però, però, però. Va' che risposta che mi ha dato. Questo principe qua sarà anche matto, però dice delle cose che sembrano stravaganti ma in realtà sono molto sagge e profonde. Insomma, il principe è matto – perché per essere matto è matto – ma c'è del metodo in questa follia."

Voilà.
Sistemato il vecchio seccatore Polonio, subito Amleto si imbatte in Rosencrantz e Guildenstern, e subito, con loro, cambia. Cambia istantaneamente, cambia a vista d'occhio; cambia modo di fare, cambia ritmo, cambia tono, cambia linguaggio; diventa molto più complice, molto macho, molto virile; è tutto un darsi di gomito e pacche sulle spalle, tutto un ricordare le vecchie scorribande, alludere alle antiche scorrerie, ammiccare alle cosce di quella baldracca della fortuna. Amleto non perde mai il controllo, è perfettamente padrone della situazione, non svela niente di sé ai due poveracci, anzi, con poche domande fa in modo che siano loro a rivelargli il vero motivo per cui sono lì – lui è totalmente tranquillo e padrone di sé. Però cambia, cambia di nuovo, istantaneamente, quando uno dei due (io non so mai chi è

Rosencrantz e chi è Guildenstern, li confondo, un po'
come Dolce e Gabbana: inutili e intercambiabili), gli
svela che sta per arrivare al castello una compagnia
di attori.

E Amleto istantaneamente si illumina di quello
che sembra essere un piacere autentico: perché Amleto adora il teatro, adora gli attori, adora averli fisicamente intorno. E infatti va loro incontro, li acco-
glie con gioia ed entusiasmo quasi infantili, e subito
fa in modo che si mettano a loro agio, e subito chiede
al primo attore che gli reciti qualcosa; e subito il
primo attore, con comprensibile orgoglio, gli recita
– peraltro commuovendosi – il monologo che descri-
ve la fuga di Ecuba da Troia.

"Ma come: perché si commuove? Chi è Ecuba per
lui? E lui, per Ecuba?"

Ecco: mentre ascolta il monologo, Amleto, nella
sua mente che si suppone alterata, sta mettendo a
punto un piano perfetto. Chiederà alla compagnia di
recitare, in presenza delle maestà di Danimarca e soprattutto di suo zio Claudio, un testo che peraltro ha
già in repertorio: una tragedia di ambientazione italiana intitolata *L'assassinio di Gonzago*, alla quale
però lui stesso provvederà ad aggiungere una ventina
di righe scritte apposta per l'occasione.

"E dunque sarà pronta la compagnia per domani?"

"Ma certamente, mio signore."

"E allora domani si va in scena! E che nel frattempo gli attori siano ospitati con ogni cura e riguar-
do, perché gli attori sono gli indici e i riassunti delle

cronache contemporanee. E poi si dice che talora un colpevole, sedendo a teatro, colpito in fondo all'anima dall'intreccio, abbia spiattellato subito tutti i suoi delitti: perché l'assassinio non ha lingua, ma parla con un suo codice misterioso. Devo far recitare a questi attori, davanti a mio zio, qualcosa che ricordi l'uccisione di mio padre. E stare a osservarlo, spiare il suo contegno. Se soltanto ha un sussulto, so il mio dovere. Lo spirito che ho visto potrebbe essere un diavolo, che forse suggestiona la mia malinconia. Mi serve un fondamento concreto: uno spettacolo.

E al sovrano ghermirò al volo la coscienza. Andiamo."

"Andiamo, mio sovrano, è tutto predisposto.
Ho convocato il principe, però con un pretesto.
Non sa che è proprio Ofelia che viene

ad incontrare:
se noi ci si nasconde li si potrà ascoltare.
Ma è fatto a fin di bene, non è come spiare,
e dopotutto i padri son fatti per guidare.
Ofelia, prendi un libro, si addice alla virtù."

"Come vuoi tu, papà. Farò come vuoi tu."

E qui, con la mite Ofelia messa lì a fare da esca, con Claudio e Polonio nascosti a origliare dietro l'arazzo – e tenete a mente l'arazzo –, qui Amleto fa una cosa insensata, ma insensata veramente: parla.

Ma non per pronunciare una battuta più o meno significativa, no: per consegnarci quello che è probabilmente il monologo più famoso della storia del teatro, e forse non soltanto del teatro. *Quel* monologo. Quello là.

Ma come, qui?

Qui e adesso?

Non è sbagliato il tempo, il luogo, tutto?

Non è un po' troppo presto per pronunciare parole così profonde, dolorose e definitive?

E poi il posto: che cos'è questo, un corridoio? Una stanza di passaggio? C'è lì Ofelia a pochi metri, si vedono: come può Amleto, in una situazione del genere, trovare l'intimità, il raccoglimento necessario per affrontare il monologo?

E infatti questo è un problema che si devono essere posti tutti, ma da subito, da Shakespeare in poi.

Ogni capocomico, ogni regista, ogni prim'attore, dal grande Burbage in avanti, si deve essere chiesto: ma io adesso come faccio? Dove mi metto, come lo dico, e a chi? A chi lo dico, questo pezzo di anima del mondo che mai nessun maelström è riuscito a sradicare?

E infatti, nel corso dei secoli, glielo hanno fatto dire in tutti i modi possibili, e in parecchi anche francamente improbabili.

Nell'intervallo fra il primo e il secondo atto.

Davanti a uno specchio.

Sugli spalti del castello – e in questo caso c'è sempre il mare che mugghia tantissimo, con dei gran flutti che sembrano attirarlo anche un pochino ipnotici:

"Amleto, Amleto...".

A centro palco guardando il pubblico.

Di tre quarti, di spalle, seduto, accovacciato.

In proscenio, in quinta, fuori scena, credo anche in camerino.

A cavalcioni di una sedia, in equilibrio su un filo, a testa in giù, sotto lampadari di ghiaccio che si sciolgono, ombrelli londinesi che si aprono, arcate medioevali, ombre di grattacieli.

Con la calzamaglia, la camicia bianca, la camicia nera, la camicia da notte, la camicia di forza.

Con lo smoking, la tunica di iuta, la divisa da ussaro e quella da no global, l'armatura medioevale, l'uniforme da marine.

Sui trampoli, in ginocchio, col pianoforte a tracolla vestito da Pinocchio.

Con la kefiah, la kippah, la bombetta, il casco – ogni possibile artificio per trovare il modo di cominciare. Che poi il difficile non è proprio cominciare: il difficile viene dopo. Cominciare non lo è poi così tanto. Anche perché la prima frase – il famoso problema, la celeberrima domanda – ci riguarda talmente tanto tutti quanti, che nella vita ci capita un sacco di volte di pronunciarla, di formularla. Magari non proprio nella versione originale, come dire: tradotta nel nostro linguaggio. Però è davvero una domanda ineludibile, ci inciampiamo un sacco di volte.

Solo che quando capita a noi di pensarla o di pronunciarla, non è che siamo preparati; non è che abbiamo il copione aperto alla pagina giusta, gli oggetti di scena, le luci adatte, la colonna sonora, l'atmosfera, no... Capita quando capita, nei momenti più inappropriati e magari più impensati.

Mentre sei fermo in coda in autostrada.

Su un treno in ritardo...

Davanti al computer...

Mentre regolarmente ti distrai nell'ora di chimica...

Mentre ti trucchi...

Mentre guardi un film...

Mentre decidi se comprare o no gli asparagi... se andare o no alla festa...

"Vado o non vado? Mi si nota di più se arrivo tardi o se non vado proprio?"

"Mi tengo tutto dentro o le racconto tutto?"

"Un figlio? Adesso? Ma sarà il momento? Certo,

che bello, non sarò mai più sola... Porca miseria, non sarò mai più sola!"

"Votare o non votare? E se poi va a finire come al solito?"

"Lo chiamo o non lo chiamo? E se vede il mio numero, e così non mi risponde?"

"La chiamo o non la chiamo? E se vede il mio numero e, cazzo, mi risponde?"

"Ha senso tutto questo?"

"Conto qualcosa al mondo?"

E soprattutto:

"Che ci faccio qui?".

Essere, o non essere.

È così: questo è il problema.

Ma il difficile, quello viene dopo.

"Possa tu, ninfa, nelle tue preghiere, ricordarti di tutti i miei peccati."

Un giro di valzer, e con Ofelia Amleto è di nuovo il principe amabile e seduttivo, ma quanto durerà? Poco, pochissimo, giusto un giro di valzer.

"Ti amavo un giorno, anzi, non ti amavo, chiuditi in un convento!"

C'è chi dice che a quel tempo la parola convento si potesse interpretare anche come bordello.

Sì, ma fa differenza?

Se Amleto vuol soltanto farle male, poco conta la forma – è la sostanza a ferire il suo cuore, e a sancire una netta incolmabile distanza.

Ofelia è disperata, e Amleto è pazzo.

Cali il sipario, non c'è altro da dire.

No, un momento, in realtà io vorrei aggiungere una cosa, anche se in Shakespeare non c'è. Ma non è un'idea mia, anzi, è un'ipotesi che ho trovato in diversi studiosi e anche in qualche drammaturgo contemporaneo.

Insomma, quest'ultima scena che è anche famosa, quella dell'*Ofelia va' in convento* – non è un po' troppo sopra le righe? Un po' troppo gridata, ostentata? Non potrebbe essere l'ennesima messa in scena, l'ennesimo esempio di teatro nel teatro?

Proviamo a riprendere la nostra indagine.

Noi sappiamo per certo che un po' di tempo fa Amleto ha scritto a Ofelia: "Dubita di tutto, ma mai del mio amore".

Poi, in tempi più recenti, le è comparso davanti, come dire, in divisa da matto.

Adesso fa il matto, e lo fa platealmente: urla, la rinnega, la ripudia, la insulta.

Non è un po' troppo?

Non si ha la sensazione che lo stia facendo a beneficio di qualcun altro? Non può essersi reso conto di essere spiato, Amleto? Al momento sicuramente, ci sono Claudio e Polonio nascosti dietro l'arazzo, ma anche in generale, visto che a Elsinore il complotto è diventato lo sport nazionale e tutti spiano tutti.

E allora non è possibile – non sto dicendo che sia vero, mi sto solo chiedendo se non possa essere verosimile –, non è possibile che mentre a voce alta la insulta e la caccia via, in realtà Amleto, dal libro che tiene in mano, faccia scivolare nel libro che anche Ofelia tiene in mano (glielo ha dato suo padre poco fa) una lettera?

Una lettera nella quale le racconta ogni cosa, ma soprattutto le spiega che se il loro amore vuole sopravvivere, da quel momento in avanti deve diventare un amore totalmente segreto, totalmente clandestino.

Potranno vivere il loro amore soltanto quando saranno soli, mentre in pubblico dovranno negarlo, dovranno fingersi lontani, addirittura nemici, ostili, pieni di rancore – in pubblico cioè sempre, visto che qui tutti spiano tutti e in più il castello è pieno di arazzi.

E anche Ofelia, benedetta ragazza: va bene essere mite e remissiva, va bene onorare il padre, però è quel padre lì! Che dice quelle robe lì! Non avrà voglia di ribellarsi, Ofelia – per amore, o anche solo per l'età che ha? Perché poi è proprio lei a dirlo:

"Noi sappiamo quello che siamo, ma non quello che potremmo essere".

"Non conta ciò che hanno fatto di noi, conta quello che noi abbiamo fatto, di ciò che hanno fatto di noi."

E allora, forse, possiamo ipotizzare che l'amore tra Amleto e Ofelia non finisca qui, non finisca adesso. Che sopravviva ancora per un po'.

Un amore completamente segreto, clandestino, magari soltanto epistolare – ma che non finisca qui. Che ancora per un po', almeno per un po', possa continuare a essere il loro amore, e che sia un amore bello e giovane e felice.

Il che non cambia minimamente la storia, però a noi ci fa sentire meglio.

È così, può essere così, ci sono un sacco di indizi in questo senso.

Per esempio, state a guardare come si comportano Amleto e Ofelia – tra poco, a teatro.

FINE DEL PRIMO ATTO

"Io sono il pallido prence danese
che parla solo, che veste a nero
che si diverte nelle contese,
che per diporto va al cimitero."

E come si diverte il principe Amleto, prima che
cominci la rappresentazione dei suoi amici attori!

E come si vede che le sue schermaglie con Ofelia
non nascono da vero rancore o ostilità fra di loro, no:
sono una messa in scena per tranquillizzare i familiari, tra loro c'è una grande complicità.

È anche vero però che Amleto, da solo, non può
controllare proprio tutto.

"Orazio, io ti prego, quando sarà il momento, di osservare il re con tutta l'attenzione: io devo fare il tonto."

Io sono il pallido prence danese...

E il momento arriva quando, durante la rappresentazione di *L'assassinio di Gonzago*, l'attore che interpreta il fratello del re, un certo Luciano (non ci sono prove che si tratti di Moggi) versa del veleno nel-
l'orecchio dell'attore che interpreta il re, e poco dopo
abbraccia vistosamente l'attrice che interpreta la regina – e allora:

"Luce, luce, andiamo via!".

Il re vero, Claudio, è fuori di sé, non resiste un
istante di più.

"Via, via, e soprattutto: luce!"

Orazio ha visto tutto, non gli è sfuggito nulla.
Amleto ha la conferma, la prova decisiva:
lo spettro ha detto il vero. E adesso?

Adesso, per forza di cose, Amleto dovrà agire di conseguenza. È successo quello che si aspettava, ha avuto la conferma della verità. E quando si sa la verità, si agisce. Funziona così.

Quando finalmente si viene a sapere tutto, quando cadono i segreti di stato, quando si svelano i depistaggi, le complicità, le correità, quando saltano fuori i nomi e i cognomi dei veri responsabili – ma vivaddio, a quel punto, a furor di popolo, noi non possiamo più tollerare che le cose rimangano come erano prima. Perché quando si sa la verità, si agisce.

No?

Amleto sa perfettamente di non avere scelta: sta solo cercando di far quadrare, se non il tempo, almeno i tempi dell'azione.

"E se non è ora, sarà domani, se non sarà domani è ora, se non è ora accadrà comunque: l'importante è essere pronti."

Maman vuole vederlo, lo aspetta immantinente. Claudio ormai ha deciso: Amleto in patria è un rischio.

Si imbarcherà stanotte, ma non sarà da solo –
con lui ci sarà Rosencrantz, con lui parte anche Guildenstern.

Dovranno accompagnarlo in terra d'Inghilterra e consegnarlo al re, insieme a una lettera.

Missiva sigillata: chissà cosa contiene?

Saluti? Convenevoli? Ordini perentori?
Tipo: "Vengo a riscuotère il debito che sai:
fai fuori mio nipote, e fallo senza indugio,
così noi siamo pari e non ci pensi più".

"Sì, ecco, mio sovrano, volevo informarvi che vostro nipote sta andando a parlare con la regina sua madre. Se non avete niente in contrario, io mi nasconderei dietro l'arazzo lì vicino, così sento tutto e poi riferisco..."

Non ce la fa, è più forte di lui. Quando vede un arazzo, Polonio viene assalito da questo impulso irrefrenabile, ci si deve nascondere dietro, avvoltolarselo intorno. È una forma di feticismo, si chiama "sindrome dell'arazzo". Però questa volta sta per costargli davvero troppo cara.

"Che c'è dunque, madre?"
"Amleto, tu hai molto offeso tuo padre."
"Voi avete molto offeso il mio, signora."

No. No.
Nessuno dei due voleva dire veramente quello che ha detto. Ma perché si arriva a dei momenti in cui non si riescono più a trovare le parole?

"Amleto, hai dunque dimenticato chi sono?"
"Magari potessi! Siete la regina, la moglie del fratello di vostro marito e anche, ahimè, mia madre. Ora però restate ferma, non muovetevi, non spostatevi di un passo."
"Perché? Che cosa intendi fare? Oddio, vuoi forse assassinarmi? Aiuto, aiuto!"
"Olé, aiuto, aiuto."

Eh? Un arazzo che parla?

"Chi c'è dunque lì dietro? C'è forse un topo? Ecco la mia spada, eccolo trafitto, eccolo bell'e morto! È il re?"

No, è Polonio.

"Dio, che azione sanguinosa e inconsulta!"
"Davvero, madre. Quasi come uccidere un re e sposarne il fratello?"
"Uccidere? Uccidere un re?"

Non lo sapeva, Gertrude non lo sapeva, lo scopre adesso – e Amleto se ne rende anche conto, ma ormai è troppo tardi per fermarsi.

"Smettete, vi prego, di torcervi le mani. Sedetevi, e lasciate che io vi sprema il cuore. Come avete potuto, dite, come? Quale demonio vi ha presa a mosca cieca? Gli occhi senza il tatto, il tatto senza la vista, le orecchie senza mani e occhi, l'odorato senza gli altri sensi, una sola parte malata di uno dei cinque sensi non avrebbero potuto cadere in una simile malinconia!
Ah, vergogna, dov'è il tuo rossore?
Un assassino, un cialtrone, un tirapiedi che non vale un millesimo del vostro primo consorte; un re di coppe, un tagliaborse dell'impero, un re di toppe e stracci!
Confessatevi al cielo, pentitevi del passato, cercate di scansare l'avvenire, non gettate letame sulle ortiche!
Buonanotte – ma non tornate nel letto di mio zio. Fingete la virtù, se non l'avete... Contenetevi questa notte e la prossima astinenza vi sarà più facile, e più ancora la successiva.

Buonanotte di nuovo – e quando vorrete essere benedetta, sarò io a chiedere la vostra benedizione. Un'altra volta buonanotte – devo partire per l'Inghilterra, lo sapete? Le lettere sono già sigillate, e i miei due compagni di scuola – dei quali mi fido come di due serpi – portano il mandato.

Buonanotte, madre – eccoli che arrivano.

Oh, madre... Buonanotte."

"Dolce Amleto, tu mi uccidi. Mi costringi a guardare dentro di me."

Un istante, e ci ritroviamo nel pieno del più macabro dei vaudeville.

Amleto trascina via il cadavere di Polonio, e intanto gli parla – gli spiega che non l'ha fatto apposta, e in fondo gli dispiace anche di averlo ammazzato per sbaglio, ma anche lui, benedett'uomo, sempre a impicciarsi, sempre a spiare, sempre a mettersi in mezzo, e poi queste sono le cose che capitano. Va anche detto, a onor del vero, che Amleto porta via il cadavere di Polonio avvolto in un arazzo – tra le tante morti che gli potevano capitare, forse è quella che gli sarebbe piaciuta di più.

Nel frattempo, Claudio ordina a Rosencrantz e Guildenstern di accelerare i preparativi per la partenza – devono imbarcarsi per l'Inghilterra con Amleto la notte stessa –, ma soprattutto di trovare e seppellire, in gran velocità e in gran segreto, il cadavere di Polonio, prima che si sparga la voce e il popolo si immagini chissà che. Lui e la regina cercheranno di inventarsi una spiegazione plausibile. Ma questo proprio non si riesce a fare, perché il cadavere di Polonio non si trova: Amleto l'ha nascosto in un posto che sa soltanto lui, e non c'è verso di farglielo dire. Anzi, qui

Amleto sembra proprio divertirsi: gioca agli indovinelli, si mette a fare il matto da manuale.

"Polonio? Polonio, Polonio, Polonioooo. Polonio no, Polonio non c'è più. E dove sarà Polonio? Non lo so. Polonio? Ma certo, Polonio è a cena – ma non dove mangia, no: dove viene mangiato. Io sono il pallido prence danese..."

E quando finalmente il palcoscenico si svuota e ognuno sembra avviato al proprio destino, colpo di scena: arriva Fortebraccio con il suo esercito. Come da accordi precedenti, sta andando a invadere la Polonia.

Porto di Elsinore, esterno notte.

Amleto, in procinto di imbarcarsi controvoglia per l'Inghilterra, si imbatte proprio nel capitano dell'esercito norvegese.

"E dunque, capitano, di grazia, dove siete diretti?"

"A dire tutta la verità, signore, andiamo a prenderci un pezzo di terra che non vale la metà del suo nome. Io stesso non lo vorrei in mezzadria per cinque ducati, signore, e non frutterebbe di più al re polacco o a quello norvegese neppure se lo vendessero in blocco."

"Quindi suppongo che i polacchi non lo difenderanno."

Perché magari è matto, Amleto, però non è cretino.

"Al contrario, signore, stanno già ammassando le loro truppe lungo i confini."

Ecco, forse qui.

Forse qui è più plausibile che Amleto decida di pronunciare il famoso monologo. È tutto più adatto: il posto, l'ora – la riva del mare, di notte, prima di partire per un viaggio che si annuncia in molti sensi burrascoso.

Sì, qui e adesso, magari dopo aver riflettuto un istante sulla follia della guerra: che va fatta sempre, va fatta comunque, anche se non c'è un motivo, anzi, proprio perché non c'è un motivo. Così se ne inventa uno, e si fa finta di crederci, e poi magari qualcuno ci crede veramente e qualcuno, anzi molti, poi ci muoiono veramente.

"Duemila anime e ventimila ducati non basteranno a risolvere questa inezia."

Sì, qui e adesso è più plausibile, è più ragionevole che Amleto si fermi un istante e chieda – a se stesso ma non soltanto –: ma che senso ha tutto questo? Perché delle persone come noi, miti, civili, di colpo decidono che l'unica alternativa possibile sia porre fine all'altrui e alla propria vita, mentre lui fa così fatica a tenere fede a un proposito che nasce da un giuramento sacro, al quale è impensabile sottrarsi?

"In questa vita morire non è nuovo, ma più nuovo non è nemmeno vivere."

E tutta questa gente che invece sembra avere una ragione per morire, noi cosa dobbiamo fare: ammirarli? Invidiarli? Sentirci inadeguati? Minacciati? E poi, avere una ragione per morire è lo stesso che avere una ragione per vivere?

Dov'è la differenza?

Cos'è che conta: essere o non essere?

"Questo è il problema.
Se sia meglio per l'anima soffrire

oltraggi di fortuna, sassi e dardi
o prendere le armi contro questi guai
e opporvisi, e sconfiggerli. Morire,
dormire, nient'altro. E così, con un sonno, dirsi
che noi mettiamo fine al crepacuore
e alle mille ingiurie naturali, retaggio della carne.
Questa è la fine che dovremmo invocare. Morire,
dormire. Dormire – forse sognare.
Forse è questo a bloccarci: che i sogni
sopravvivano,
dopo che ci si strappa dal tumulto della vita
mortale. E chi vorrebbe sopportare i malanni,
le frustate dei tempi, l'oppressione dei tiranni,
le contumelie dell'orgoglio,
pungoli di amor sprezzato, remore di leggi,
arroganza dall'alto, derisione degli indegni
sul merito paziente – chi lo vorrebbe mai,
se uno può darsi la quiete con il filo di un pugnale?
Chi vorrebbe sudare, e bestemmiare, spossato
sotto il peso della vita
se non fosse l'angoscia del paese dopo la morte,
da cui mai nessuno è tornato, a confonderci
il volere e a farci indurire ai mali d'oggi
piuttosto che volare a mali ignoti?
È la coscienza che fa tutti vili. E io,
che ho un padre ucciso e una madre insozzata,
io dormo – e qui, a mia vergogna,
ventimila uomini si accostano, per una fantasia
o per uno scherzo della fama,
alla tomba come a un letto,
per un pezzo di terra
che nemmeno basta a coprire i morti.
Ahimè, se il mio pensiero è degno,
che si tinga di sangue."

"In questa vita non è difficile morire. Vivere è di gran lunga più difficile."

What's the buzz, tell me, what's happening?

Non c'è un attimo di tregua nel castello di Elsinore, non c'è un attimo di pace, son giornate furibonde.

Da poco Fortebraccio è transitato con il suo esercito diretto in Polonia, da pochissimo Amleto si è imbarcato controvoglia per l'Inghilterra, quand'ecco che un improvviso e violento tumulto popolare minaccia la quiete e la vita stessa del sovrano.

E chi c'è a capo del tumulto, chi viene invocato a gran voce dal popolo come prossimo nonché legittimo sovrano di Danimarca? Ma nientepopodimeno che – Laerte!

Che, avvisato non si sa da chi, è arrivato in un baleno dalla Francia e ora vuole sapere, assolutamente sapere tutta la verità sulla morte di suo padre – però un'idea comunque se l'è fatta, qualcosa ha sentito, ha saputo, qualcuno ha detto, ha insinuato, tutti sanno tutto di tutti a Elsinore.

"What's the buzz, tell me what's happening!"

Ha saputo che forse è stato proprio Claudio a uccidere suo padre Polonio.

E ora Claudio ce l'ha davanti, potrebbe farsi giustizia subito, a mani nude – ma Claudio riesce a calmarlo, comincia a raccontargli come si sono svolti veramente i fatti, sta per rivelargli tutta la verità, quand'ecco che arriva Ofelia, pazza – pazza di dolore perché ha saputo di suo padre, certo, ma forse anche perché ha saputo, ha sentito, qualcuno ha detto, ha insinuato, tutti sanno tutto di tutti a Elsinore.

"What's the buzz, tell me, what's happening?"

Ha saputo che anche Amleto, il suo
segretamente amato amore – l'unico –
non tornerà mai più,
mai più,
dall'Inghilterra.

"L'altro giorno ho perso un mondo: qualcuno l'ha trovato? Si riconosce dal diadema di stelle che gli circonda la fronte.

Ecco del rosmarino, è per il ricordo – ti prego, amore, ricorda. E queste sono le viole, sono per i pensieri.

Are you going to Scarborough fair / parsley, sage, rosemary and thyme...

Ecco una margherita – avrei voluto darvi delle violette, ma sono tutte appassite, quando è morto mio padre.

Ho dovuto ucciderti, papà – sei morto prima che ne avessi il tempo, e di parlarti non mi è mai riuscito.

Io non sono nessuno, tu chi sei? Anche tu sei nessuno? Bene, saremo in due – ma non dirlo a nessuno, ci caccerebbero, e tu lo sai.

Col mio mazzo di tarocchi, col mio mazzo di tarocchi...

Sola non posso stare, perché vengono a farmi visita ospiti al di là della memoria.

Non mi vai più, papà, non mi vai più, scarpa nera. C'è chi dice buonanotte la sera – io invece dico buonanotte di giorno. Arrivederci! dice chi va – buonanotte abitualmente rispondo – perché la separazione, quella, è la notte.

Torna pure nella fossa, papà.

È dentro al mio fiore che mi sono nascosta – così che tu, quando quel fiore appassirà, dal vaso, senza saperlo, potrai sentire per me quasi una solitudine. Eccomi dunque alla fine, papà.

Sogniamo, ed è una buona cosa – ci farebbe male se fossimo svegli.

Uccidiamoci, tanto non è altro che un gioco.

Gridiamo, tanto siamo noi che giochiamo.

Papà!

Papà, carogna, ho finito."

E la lasciano andare via così?

Da sola?

Nessuno va con lei, nessuno le sta vicino?

Non si può! Non si può lasciarla da sola in questo momento, ma non c'è bisogno di essere degli esperti, non c'è bisogno di chiamare Crepet per capire che Ofelia non può restare da sola in questa situazione. È fuori di sé, è schiacciata da un dolore incommensurabile, se resta da sola finisce per farsi del male di sicuro, bisogna che qualcuno le stia sempre vicino e che intanto qualcun altro faccia sparire tutto il Lexotan di Gertrude, il Prozac di Amleto, tutto il Viagra di Claudio, via, via...

Bisogna far sparire ogni pezzo di corda, di lenzuolo, ogni lametta, rasoio, accendino, paio di forbici, bisogna sbarrare l'accesso ai piani alti, chiudere i rubinetti del gas, dragare i fiumi, ma non si può lasciarla andare via da sola in questo stato, è istigazione al suicidio, peggio: è omissione di soccorso.

Macché. Niente da fare. Pare ci siano – come si dice? – altre priorità.

Gertrude ha l'emicrania...

Laerte, in quanto unico familiare superstite, non ritiene di doversi intromettere...

Anche perché c'è Claudio che non gli dà tregua. Claudio gli ha finalmente svelato il nome del vero responsabile di tutto questo, e adesso vuole assolutamente coinvolgerlo nel piano che sta elaborando per liberarsi una volta per tutte di Amleto. Perché Amleto – ecco, non ve l'ho detto – Amleto è tornato. Non si riesce a capire come abbia fatto, ma è riuscito a tornare. Non ci è mai neanche arrivato in Inghilterra, è tornato in Danimarca. Ha scritto una lettera: Rosencrantz e Guildenstern sono morti al posto suo.

"Per cui, Laerte, mi rendo conto che questo per te sia un momento difficile, però in tutta franchezza non drammatizzerei. Certo, ora tua sorella è fuori di sé, ma sai com'è, è una donna, e le donne fanno così, ci sono abituate – urlano, strepitano, piangono, così buttano fuori tutto, poi gli passa."

E per tutti il dolore degli altri è un dolore a metà.

"L'eredità dei morti dura finché con la memoria viene pagata. Valuta instabile. Non passa ora che qualcuno non l'abbia perduta."

E dunque quale posto migliore di un cimitero per dare appuntamento in gran segreto all'unico amico che gli sia rimasto veramente – infatti è proprio qui, in un cimitero, che Amleto convoca segretamente Orazio per raccontargli gli ultimi avvenimenti.

Ed è sempre nel cimitero che trova il teschio dell'antico amico e buffone di corte Yorick, e si mette a ragionare di caducità della vita e di filosofia.

Ed è sempre nello stesso cimitero che, in una sorta di siparietto quasi comico, due impagabili becchini si mettono a discettare sull'opportunità di dare sepoltura in terra consacrata a quella che poi, a tutti gli effetti, pare proprio essere una suicida. Una ragazza, morta annegata – non si sa bene come sia andata, non si sa come si siano svolti realmente i fatti, non c'erano testimoni, non è chiara la dinamica – dicono poi che mentre ritornava nel fiume chissà come scivolava...

Difficile sostenere che si sia annegata per legittima difesa, però sai com'è, sai come vanno queste cose: questa qua era una nobildonna, si è mosso qualcuno dall'alto, han fatto, han brigato... Il solito schifo, i soliti favoritismi – anziché i sassi e i cocci che toccano normalmente ai suicidi, a questa qua han fatto il suo bel funerale.

Oddio, bel funerale proprio no. Raramente si è visto un corteo funebre più triste e meschino di questo. Forse per la prima volta in tutta la sua vita Laerte è disarmato. È ammutolito dal dolore, certo, ha perso in poco tempo padre e sorella. Ma è anche come annichilito proprio da quello che vede, dalla pochezza di questo funerale ipocrita, di questo rito squallido e vigliacco.

"Ma come, tutto qui? Non si può fare nient'altro? Non c'è nient'altro che si possa fare per accompagnare la mia bellissima sorella, per salutare per l'ultima volta la mia dolcissima Ofelia? Ma per lei ci vogliono fiori, ci vogliono canti e lacrime e luci di candele...

Non si può fare nient'altro?

E allora, se è davvero tutto qui, lasciate che io l'abbracci per un'ultima volta, e poi ricoprite di terra anche me insieme a lei."

In questo momento Amleto scopre la verità. Si è nascosto, all'arrivo del corteo funebre, e adesso si rende conto che la fanciulla che sta per essere sepolta è Ofelia, la sua Ofelia.

Se mai nella sua vita Amleto ha recitato, ha messo in scena la follia, in questo momento è pazzo, davvero e completamente pazzo – pazzo e disperato come potrebbe esserlo un bambino di sei anni.

"Va' via, Laerte, va' via: io amavo Ofelia, non tu. Io l'amavo, non tu. L'amore di quarantamila fratelli non basterebbe a eguagliare il mio di amore. Io l'amavo. Cosa vuoi fare tu per lei, eh, cosa vuoi fare? Vuoi batterti? Vuoi farmi a pezzi? Vuoi digiunare? Vuoi bere dell'aceto? Vuoi mangiare un coccodrillo? Io lo farò, IO LO FARÒ!"

Mangiare un coccodrillo.
Non ha sei anni Amleto: ne ha tre. Ed è disperato.
E certo verrebbe facile replicare: scusa, ma dov'era, tutto questo amore, quando lei era viva? Eppure in qualche modo gli crediamo: sì, lui l'amava veramente, e l'ha persa, e ha perso tutto.

"Ah, se solo fossi tornato un giorno prima, se solo le avessi scritto un'ultima lettera..."

Non si può più fare niente.
Ofelia era innocente, non doveva morire, eppure è successo. È andata così.
E d'altra parte si sa, no?
In amore e in guerra sono cose che capitano. Qualcuno li chiama danni collaterali.

"Niente ha più senso ormai, men che meno la vita. E allora adieu, adieu, adieu."

"Ora ascoltami bene
che non te lo ripeto:
nostro scopo comune
è eliminare Amleto.
Per questo ho organizzato
una sfida coi fiocchi.
Ma tu non preoccuparti
se io sotto i tuoi occhi
fingerò di scommettere
proprio su mio nipote.
Perché tirar di scherma
è una sua grande dote
ma non può avere scampo
se avveleni il fioretto
con cui poi lo colpisci
sulla spalla e sul petto.
E se questo non basta
lo inviterò a brindare
con del vino che all'uopo
ho fatto avvelenare.
Io ho fatto la mia parte
adesso tocca a te.
Fatti sotto, Laerte
in nome del tuo re!"

Questo dunque è il piano perfetto che Claudio ha messo a punto per eliminare una volta per tutte Amleto, per liberarsene sotto gli occhi di tutti e senza destare alcun sospetto. Ha organizzato un duello, una sfida leale e sportiva per stabilire finalmente chi tra Amleto e Laerte sia il miglior spadaccino di Danimarca. Peccato che non sia affatto una sfida leale e sportiva. Peccato che Amleto si prepari per un duello, per una competizione incruenta e che quindi il suo fioretto abbia la punta protetta, non sia fatto per ferire, men che meno per uccidere.

Laerte no. Il fioretto di Laerte è estremamente acuminato, e in più la punta è stata intinta in un veleno potentissimo: basta una scalfittura, una goccia di sangue a garantire una morte certa e dolorosa.

E se questo non succedesse, se Laerte non riuscisse a ferire neppure superficialmente Amleto, non c'è problema: Claudio ha previsto anche questa eventualità. Nel malaugurato caso che Amleto dovesse vincere, lo inviterà a brindare con del vino avvelenato. Quale scusa migliore?

Quindi Claudio è certo che in un modo o nell'altro questa sera si libererà una volta per tutte di Amleto. Per questo può permettersi di fare lo splendido, di scommettere platealmente sulla vittoria del nipote addirittura la perla più preziosa della corona reale. C'è anche Gertrude: sembra tesa, strana, è molto pallida, non perde di vista un istante il figlio, spesso va ad asciugargli il viso con il suo fazzoletto bianco.

E Laerte? Come ha potuto Laerte accettare un patto così infame? Laerte avrà dei difetti, ma è un soldato, ha un suo preciso codice d'onore e di lealtà, come ha potuto? Ha potuto benissimo. Amleto è responsabile della morte di suo padre e di sua sorella. Laerte è travolto dall'ira oltre che dal dolore, sarebbe pronto a ucciderlo anche in una chiesa, quindi coglie al volo l'occasione che gli viene concessa.

Ma Amleto spiazza tutti, spiazza soprattutto Laerte: prima di iniziare il duello va a chiedergli perdono, gli spiega che non è stato lui a uccidere Polonio, no, in realtà è stata la sua follia, e quindi in qualche modo anche lui, anche lui è una vittima della sua stessa follia.

E forse perché è spiazzato, o forse perché in fondo si sente in colpa, Laerte non riesce a battersi da par suo, la prima parte del duello è tutta condotta da Amleto, che porta avanti degli assalti molto precisi e colpisce più volte Laerte, ovviamente non lo ferisce, ma sono colpi che vanno a segno, sono punti a suo favore, Amleto sembra avviato verso la vittoria e sua madre afferra la coppa di vino avvelenato.

"No, mia signora, non con quella coppa!"

"Sì, mio sovrano, proprio con questa coppa di vino voglio brindare subito alla vittoria certa del mio dolce figliolo Amleto."

Non lo sa, non lo sa Gertrude, che cosa è appena successo, non lo sa neanche Amleto.

Lo sa molto bene Claudio.

Lo sa molto bene Laerte, che si rende conto che ormai, per quanto sporca, questa partita va giocata fino in fondo, e allora decide di andare all'assalto con tutti i mezzi, arriva finalmente a colpire l'avversario, e il sangue di Amleto comincia a scorrere.

Come, del sangue? Non deve scorrere del sangue in questo duello!

Amleto è fuori di sé per l'ira, ne segue un corpo a corpo furibondo, uno scambio di armi, adesso è Amleto ad avere in mano la spada avvelenata, è Amleto a colpire Laerte, è il sangue di Laerte che comincia a scorrere, e Laerte sa bene che è il suo ultimo sangue, sa di non avere scampo, e prima di morire chiede perdono ad Amleto, gli indica la madre agonizzante, gli indica Claudio, il responsabile di tutto questo, e allora adesso è Claudio che deve pagare, è il sangue di Claudio che deve scorrere fino all'ultima goccia, è su Claudio che Amleto si accanisce, è Claudio che colpisce con tutte le forze, mille volte e poi cento.

"Orazio, è finita. E a voi, che assistete pallidi e trementi a tutto questo, se mi restasse il tempo, vorrei dire – adieu, adieu, adieu, remember me.

Ma basta così. Orazio, io sto morendo, ma tu vivi. Racconta la mia storia onestamente.

Il resto è silenzio."

"Così si spezza un nobile cuore. Buonanotte, dolce principe. Mille volte buonanotte. E possa un volo d'angeli condurti al tuo riposo.

E adesso si può sapere che cosa sono tutti questi tamburi?"

Ma è Fortebraccio! È già tornato, ci ha messo niente a invadere la Polonia. Si trova davanti questo po' po' di carneficina e vorrebbe una spiegazione, soprattutto sta cercando un interlocutore adeguato che gli sia pari in grado.

"No.

No.

Io non sono il principe Amleto, né ero destinato ad esserlo. Io sono un cortigiano, sono uno buono a ingrossare un corteo, a dare l'avvio ad una scena o due, ad avvisare il principe. Uno strumento facile, di certo; deferente, felice di mostrarsi utile; prudente, cauto, meticoloso; pieno di nobili sentenze ma un po' ottuso; a volte, in verità quasi ridicolo; e qualche volta, quasi, il buffone."

E Orazio racconta tutta la storia.

E mentre lo ascolta, che cosa mai penserà, Fortebraccio di Norvegia?

"Ma tu guarda, di fatto mi ritrovo ad accedere in totale legittimità al trono di Danimarca senza sparare neanche un colpo: han fatto tutto da soli! Due generazioni di classe dirigente che si sono autoeliminate. D'altra parte me l'han sempre detto a casa mia: ma di cosa ti preoccupi? Figurarsi, i danesi: gentaglia... terroni...

Orazio, ciò che mi dite mi colpisce profondamente. Ora, però, vi chiedo di far portare via questi cadaveri. In onore del defunto principe Amleto farò sparare alcune salve di cannone: lo devo a lui, e in un certo senso lo devo anche ai miei uomini. Hanno diritto a un po' di svago – due palle, la Polonia!

Mi pare superfluo sottolineare che secondo gli antichi accordi, a tutti gli effetti ora io sono il vostro nuovo sovrano: re Fortebraccio di Norvegia e Danimarca.

E non vi allarmate per la presenza di tutti questi soldati, state tranquilli: è una missione di pace."

Così finisce *Amleto*.
Sanguinosa conclusione.

Il resto è silenzio.

FINE

Nota ai testi

La Traviata

In ogni testo su cui ho lavorato c'è sempre stata, oltre a una citazione di T.S. Eliot, una sorta di *piccola frase* proustiana che, da sola, rendeva necessaria se non indispensabile la messa in scena di quello spettacolo – come dire che, anche solo per raccontare *quello* ne sarebbe valsa la pena. Quando, con Gabriele Vacis, abbiamo cominciato a lavorare su *Traviata*, non ho avuto dubbi.

"Amami Alfredo, amami quant'io t'amo, addio." Sei parole che all'opera bastano, come abbiamo appunto spiegato all'inizio del secondo atto, e nelle quali non solo c'è tutta la storia, ma anche tutto il senso di quello che ci interessava provare a raccontare. E cioè, per farla facile, la sostanziale incomprensione tra il linguaggio amoroso femminile e quello maschile. O per farla più facile ancora, l'analfabetismo sentimentale degli uomini, che sanno anche diventare allievi appassionati – come il giovane protagonista, Alfredo, Armando o Alessandro che dir si voglia –, ma che sono inevitabilmente destinati a perdersi quando la donna che amano e che li ama smette di spiegargli le cose, e decide per tutti e due.

Il genio di Verdi sta in quell'aria indimenticabile, e in quella sintesi folgorante. Sei parole, e la musica. È il melodramma, bellezza.

Ed è appunto in omaggio alla geniale spudoratezza del melodramma che nella nostra *Traviata* abbiamo giocato con archetipi e stereotipi del sentimento, accostando senza ritegno Verdi e Battiato, Dumas e Pasolini, Maria Callas e Marianne Faithfull, Margherita e Marilyn, Tom Waits (imprescindibile) e Fabrizio De André (indispensabile), e perfino Shakespeare e Manzoni e Fitzgerald e Antonioni. Ne è nato uno spettacolo che credo sia stato molto amato dal pubblico. L'unico, finora, a essere stato ripreso e mandato in onda su Rai Due – con ascolti lusinghieri, nonostante l'ora impervia. Loro la chiamano terza serata, a me sembra piuttosto primo mattino, ma di televisione capisco poco.

Non so se sia anche stato il più bello, o il migliore: gli spettacoli sono un po' come i figli, li ami tutti e non sei mai obiettiva. Forse è stato il più facile, quello con il più alto tasso di identificazione da parte del pubblico: dopotutto io venivo da un *Otello*, e non è che capiti a tutti di strangolare la propria moglie. Oddio, gli uxoricidi son comunque troppi, ma statisticamente parlando non credo che vengano a vedere i miei spettacoli. Mentre tutti, assolutamente tutti – "maschi femmine e cantanti" – hanno vissuto almeno una storia d'amore infelice o contrastata o disperata o impossibile o tutte le cose insieme. E tutti hanno – abbiamo – il rimpianto di non avere capito cosa stavamo facendo, cosa stavamo perdendo. Tutti abbiamo giocato con le nostre piccole, privatissime ucronie sentimentali: se gli avessi spiegato, se le avessi creduto, se avessi avuto più coraggio, più fiducia, più tempo.

Cronologicamente parlando, *La Traviata* è stato il quarto (e per ora ultimo, ma all'epoca non lo sapevo) spettacolo che ho realizzato insieme e Gabriele Vacis. Ha debuttato a Bologna, all'Arena del Sole, nell'ottobre del 2002, poche sere dopo il trionfale concerto di Bruce Springsteen a Casalecchio, che ci eravamo regalati nonostante il panico da debutto imminente. La sera della prima si è guastato il microfono, io ho avuto una simpatica crisi isterica e pare abbia rotto una sedia con un pugno – a mia parziale discolpa posso dire che era di paglia di Vienna, e piuttosto malconcia. E comunque l'accoglienza del pubblico è stata, come si suol dire, trionfale. Le repliche sono andate avanti fino al dicembre del 2004. Se mai qualcuno, in futuro, vorrà trovare un qualche legame tra i calendari dei miei spettacoli e le scadenze elettorali del Paese, questi dati gli saranno sicuramente utili.

Dopo tutto, si lavora per i posteri. E per i postumi.

Alice

Nuovo, e difficile: qualche anno o forse decennio fa uscì una sorta di enciclopedia della contemporaneità, e aveva questo titolo. Ogni spettacolo nuovo è difficile, ma dopo *Traviata* lo era un po' di più. Volevo continuare a lavorare sui classici, ma dopo una tragedia e un melodramma la scelta era decisamente ardua. Mi piaceva l'idea di mantenere una sorta di continuità, e contemporaneamente sentivo l'esigenza di cambiare: sembra una metafora della sinistra italiana. Allo stato attuale delle cose direi che a me è andata meglio.

Comunque l'idea di *Alice* è venuta ad Antonio Marras, che nel frattempo era diventato mio amico – non so quanto spontaneamente, visto che l'ho praticamente tenuto sotto assedio per mesi. Il fatto è che Antonio e Patrizia, sua consorte e complice e musa, sono stati uno degli incontri più belli e importanti di questi ultimi anni, e quando lui se ne è uscito serafico a dirmi "ma tu perché non fai *Alice*?" non solo ho capito all'istante che era l'idea che andavo cercando, ma ho subito rilanciato chiedendogli di occuparsi di scene e costumi. Lo sventurato rispose. Essendo un artista grandissimo, oltreché smisuratamente competente di cinema e teatro, ha creato ben più che un abito e una scenografia: ha dato corpo a quella *meraviglia* che ci sarebbe piaciuto evocare. E chi ha visto lo spettacolo sa quello che intendo.

A quel punto anche la scelta del regista è venuta da sé: Giorgio Gallione per *Alice* ha sempre avuto una sorta di appassionata devozione – per capirci, l'aveva messa in scena già tre volte, realizzando tre spettacoli completamente diversi tra loro. E proprio questa sua padronanza assoluta del testo e degli infiniti enigmi e problemi che presenta mi ha fatto capire che era la persona giusta. E che nonostante tutto anche per lui sarebbe stato uno spettacolo nuovo, e difficile. Anche l'incontro con Bollani è merito suo, e anche di questo gli sarò eternamente grata: Stefano è un altro che ti cambia la vita. In meglio. Lavorarci insieme è talmente entusiasmante che ti ritrovi in uno stato di euforia costante: una sorta di stupefacente (aggettivo) stupefacente (sostantivo), una droga naturale priva di rischi e controindicazioni, insomma l'estasi senza ecstasy, a prova di antidoping. Diteglielo, ai ciclisti.

Per affrontare il testo, soprattutto per capire quali cogliere e seguire tra le infinite suggestioni carrolliane, mi servivano altri complici. Uno, Massimo Cirri, era quel che si dice "un gradito ritorno", e una certezza. L'altro, Adriano Sofri, mi aveva forse inconsapevolmente fatto capire quali erano i temi forti presenti in *Alice* dei quali mi premeva parlare: l'infanzia e il tempo. Suo è il pezzo su Beslan, per il quale ogni aggettivo mi pare superfluo. Sue le riflessioni sul carcere come "mondo alla rovescia" – ignorato o rimosso, privo di specchi, di ombre e di bambini – delle quali ho fatto tesoro negli anni in cui, di tanto in tanto, riuscivo a fargli visita nella Casa Circondariale "Don Bosco", a Pisa. Suo, o almeno intensamente condiviso con lui, il colpo al cuore nel riconoscere la frase che sarebbe diventata, appunto, *la frase*: "Avresti dovuto vedere il tempo che c'era ai miei tempi".

Quando ho capito quale sarebbe stato il finale della mia *Alice* – "Che tempo abbiamo avuto..." – ho pianto per diciotto ore, ininterrottamente: frignavo e scrivevo, singhiozzavo e scrivevo, tiravo su col naso e scrivevo. In più ero a Levanto, era gennaio, e il mare d'inverno in questi casi è micidiale. Poi, di colpo, mi sono resa conto che stavo riuscendo a mettere insieme tutti i pezzi, dall'Ecclesiaste a Vasco passando per García Márquez e – naturalmente – per Eliot, e che allora, forse, andava bene così.

Giorgio mi aspettava a Genova, in teatro. Arrivata alla stazione l'ho chiamato, e con voce ancora lacrimosa gli ho chiesto come si ponesse rispetto alla psicolabilità degli attori. Mi ha risposto: "Vuoi dire che sei a Chiasso?".

In quel momento ho capito che sarebbe andato tutto bene.

Amleto

Il fatto è che il mio debutto vero, come autrice e attrice, è stato nel 1987, con *Adlib*: il ventennale andava festeggiato, e alla grande. Forse per questo ho accettato subito la sfida che Giorgio mi ha lanciato, più o meno un anno dopo il debutto di *Alice*, quando bisognava cominciare a pensare a un nuovo spettacolo per il 2007. La proposta era decisamente professionale, ma un ascoltatore estemporaneo (che so, un tipico passante di Queneau) avrebbe potuto fraintendere, specie quando l'imperturbabile Gallione mi ha sussurrato: "Lo so che tu ci sei già passata, ma per me sarebbe la prima volta, e mi piacerebbe farlo con te". Non parlava di Moccia, ma di Shakespeare. Per la precisione, mi stava proponendo *Amleto*. E come il maestro Wilde, io so resistere a tutto tranne che alle tentazioni.

Una delle prime cose che ho pensato è stata che la citazione da Eliot questa volta non avrei neppure dovuto cercarla: era lì che mi aspettava da un sacco di tempo. Immaginare Orazio che zittisce l'invadente Fortebraccio dicendogli "No, io non sono il principe Amleto, né ero destinato ad esserlo..." e intuire come sarebbe finito lo spettacolo mi ha dato un'emozione fortissima. E probabilmente anche un po' del coraggio che mi mancava.

L'inizio invece me l'ha regalato Giorgio: quell'"Esplodere o implodere" rubato a Calvino e usato come incipit a dare il senso di un racconto antico ed eterno è davvero formidabile. Audace, magari, e dunque debitamente irresistibile. Con Marras a giocare al trovarobe del *Globe*, Bollani a evocare danesi (e)gotici, Fiorato a prepararmi palcoscenici fuori squadra e Cirri a guidarmi nella *fool* immersion, mi sono buttata tra le braccia del dolce principe di Danimarca. E mi sono innamorata. E persa.

Amleto è davvero un maelström: ti trascina in luoghi impensati, ti sorprende continuamente, ti suggerisce e suggestiona e soggioga e seduce. Difficile questa volta individuare *la frase*, o meglio sceglierne una sola. Forse alla fine quella decisiva appartiene, guarda caso, a Ofelia: "Noi sappiamo quello che siamo, ma non quello che potremmo essere".

Non c'è stata replica in cui non mi sia emozionata, nel pronunciarla – ma va detto che in quel momento la colonna sonora è Tom Waits che canta la sua versione di *Somewhere*, e se a uno non gli si scoperchia l'anima vuol dire che non è terrestre.

E poi, naturalmente, il monologo. Mi sarebbe piaciuto che per una volta tutti facessero un passo indietro – interprete e regista per primi – per lasciare tutto lo spazio, scenico ed emotivo, al testo. Per questo l'ho prima, per così dire, smontato e tradotto: per coinvolgere il pubblico e in un certo senso, subdolamente, rassicurarlo. Come a dire tranquilli, son passati quattrocento anni, ce l'hanno cucinato in tutti i modi, certo, ci riguarda tutti ancora oggi quella questione lì, ma suona tutta diversa, molto più quotidiana, molto meno inquietante e definitiva. E poi, quando probabilmente il pubblico non se lo aspetta più e qualche sgamato pensa "emmenomale l'abbiamo scampata", eccolo lì, a tradimento, tra Esenin e Majakovskji e *Jesus Christ Superstar:* essere o non essere. Integrale. Micidiale. Indispensabile. Bellissimo.

Anche Ofelia mi ha rubato il cuore, ed è stato naturale e per certi versi inevitabile scivolare da Shakespeare a Emily Dickinson giù fino a Sylvia Plath per farle cantare il suo indicibile folle dolore – unica vera innocente, e dunque unica vera vittima. "Qualcuno li chiama danni collaterali."

Formidabile idea di regia è la cascata di mele rosse che si rovescia sul palcoscenico a rappresentare la carneficina finale – centinaia di mele finte, e una sola vera, per far morire Gertrude avvelenata come una Biancaneve un po' matrigna. Una sera, a spettacolo finito, alcuni spettatori si sono avvicinati al palco – succede spesso – per controllare, appunto, se le mele fossero autentiche. Una signora casualmente ha raccolto l'unica vera insieme a un'altra, ovviamente finta, e sagacemente ha commentato: "Lo sapevo, sono metà e metà".

Il resto è silenzio.

Indice

Stampa Grafica Sipiel
Milano, novembre 2008